部下の強みを引き出す

経験学習リーダーシップ

Leadership for Experiential Learning

松尾 睦
Makoto Matsuo

ダイヤモンド社

はじめに

育て上手は「経験から学ぶ力」を伸ばす

人の成長の7割は経験によって決まるといわれています。[1]さまざまな業務、役割、顧客、プロジェクトに関わり、そこで得たスキル、知識、考え方が血肉となり、その人の能力を形成するのです。

しかし、同じ経験をしても大きく成長する人もいれば、成長しない人もいます。なぜそのような違いが生じるのでしょうか？

それは「経験から学ぶ力」、つまり「経験から吸収する力」の違いです。

私は2011年に『「経験学習」入門』（ダイヤモンド社）という本を上梓しましたが、この本の中で「経験から学ぶ力」を次のように説明しています。

適切な「思い」と「つながり」を大切にし、「挑戦し、振り返り、楽しみながら」仕事をするとき、経験から多くのことを学ぶことができる

つまり、仕事に対する「ビジョン・目標・信念」を持ち（思い）、職場内外の他者と「良き関係」を築き（つながり）、それを土台にして、挑戦的な仕事に取り組み（ストレッチ）、自分の仕事のあり方を振り返りながら（リフレクション）、仕事の中にやりがいや意義を見つけるとき（エンジョイメント）、人は経験から多くのことを学ぶことができます。

しかし、私たちは自分の力だけで成長することはできません。

右のモデルにあるように、上司、先輩、同僚との「つながり」の中で組織人は成長していきます。自分自身が主体的に「経験から学びとる」ことが基本ですが、上司や先輩によって「導かれる」ことも事実です。

『「経験学習」入門』でも触れていますが、「育て上手」といわれる人たちは、部下や後輩の「経験から学ぶ力」を高めながら指導していました。

つまり、人材育成とは、部下や後輩が「自らの経験から学べるように支援する」ことなのです。

このテーマをさらに深掘りし、育て上手のマネジャーが部下をどのように指導しているかを解き明かすことが本書の目的です。

本書のタイトル『経験学習リーダーシップ』は、次のような意味で使用しています。

経験学習リーダーシップ

＝職場メンバーの経験学習をうながす指導

「ＯＪＴ」や「コーチング」ではなく「リーダーシップ」という言葉を使ったのは、育て上手のマネジャーが、１対１の指導だけでなく、部下に任せる仕事を創り上げたり、職場全体の運営も工夫しているからです。

さまざまな調査の結果、育て上手のマネジャーがどのような指導をしているかが明らかになりました。同時に、普通のマネジャーが陥りやすい「落とし穴」も見えてきました。ここでは、３つの落とし穴と対比する形で、育て上手の特徴を説明しましょう。

落とし穴（その１）：弱みを克服させようとする

マネジャーが陥りやすい１つ目の落とし穴は、「部下や後輩の弱みを克服させようとする」ことです。人を指導するとき、その人の力量を見極めて、弱みを克服させようと考えるのは自然なことです。例えば、人前で話すのが苦手であれば、スピーチやプレゼンの練習をさせます。我々日本人は、「世間」を意識し、「恥の文化」を持っているため、[2]なるべく弱みを小さくしようとする傾向が強いといえるかもしれません。

しかし、育て上手のマネジャーたちは、弱みを克服させるのではなく「**部下の強みを探り、成長ゴールで仕事を意味づけている**」ことがわかりました。

つまり、部下の持っているポテンシャルや埋もれた才能がどこにあるかを探し、その才能を伸ばすために成長ゴール（仕事経験を通して伸ばすべきスキルや能力に関する目標）を設定して、部下の強みを引き出していたのです。

なぜ、弱みよりも強みに注目する必要があるのでしょうか？

その理由はシンプルです。

弱みを克服するよりも、強みを伸ばすほうが、成長につながりやすいからです。

「強みの心理学の父」といわれているドナルド・クリフトンは「弱みを克服しても『-10』を『-4』にしか引き上げられないのに対し、強みを伸ばせば、同じ努力量で『+10』を『+40』にすることができる」と述べています。[3]

ベストセラー『ストレングス・ファインダー2・0（*StrengthsFinder 2.0*）』の著者であるトム・ラスも、弱点を克服しようとする人に対して「いばらの道を選ぶな」と警鐘を鳴らしています。[4]

なお、ここでいう弱みは、いくら頑張っても完全に克服することが難しい「先天的な弱み」を指します。これに対し、一見弱みに見えるけれども、努力次第で強みになりうる「可能性のある弱み」、つまり「潜在的な強み」もあることを認識しなければなりません。

強みを引き出す指導は、「ストレッチ（挑戦）」の中に「エンジョイメント（やりがいや意義）」を盛り込むアプローチであるといえます。

落とし穴（その2）：問題や失敗だけを振り返らせる

マネジャーが陥りやすい2つ目の落とし穴は、「問題や失敗だけを振り返らせる」ことです。

もちろん、仕事上の問題点や失敗したことを振り返り、問題を解決し、同じような失敗を二度と繰り返さないようにすることは大事です。

問題なのは、「問題や失敗だけ」を振り返らせることにあります。

育て上手のマネジャーたちは、**「問題や失敗だけでなく、上手くいったことや成功も振り返らせる」**ことで部下が持つ強みを引き出していました。

なぜ、成功を振り返る必要があるのでしょうか？

それは、①成功の中にその人の強みが表れることが多く、②再び成功するために、また、③より高いレベルで成功するためには、なぜ成功したのかを理解する必要があるからです。

経験を振り返ることを「リフレクション（reflection）」といいますが、日本では「反省」と訳されます。それだけ、私たち日本人は、問題や失敗に目が行きがちだといえます。

成功経験を振り返らせる指導は、「リフレクション（振り返り）」の中に「エンジョイメント（やりがいや意義）」を取り入れるアプローチです。

落とし穴（その3）：マネジャーがすべてを仕切ろうとする

マネジャーが陥りやすい3つ目の落とし穴は、「すべての管理業務を自分で仕切ろうとする」ことです。

責任感のある人ほど、他部署との交渉、会議のファシリテーション、部下の育成、進捗管理、業務改善、将来の課題形成等、すべてのマネジメント業務を1人で引き受ける傾向があります。

しかし、近年、さまざまな業務が中間管理職に押しつけられ、その負担は限界に達しているように思います。すべての業務を自分で仕切ろうとすると、マネジャー自身がつぶれてしまう危険性があるだけでなく、管理職候補である中堅社員が育ちません。

これに対し、育て上手のマネジャーは、**職場の中堅メンバーと連携しながら、ビジョン（思い）を共有していました。**

つまり、すべてを自分が仕切るのではなく、中堅メンバーにマネジメントの一部を任せ、理念やビジョンを共有することでメンバーの行動を方向づけていたのです。

こうした体制をとることで、中堅や若手が成長し、職場のコミュニケーションが改善し、マネジャー自身がより戦略的な業務に集中することが可能になります。

1人のマネジャーが、すべてのマネジメント業務を仕切るべきであるという考え方は、リーダーシップ研究において「英雄型リーダーシップモデル」と呼ばれていますが、その限界が指摘されています[5]。

これに対し、複数のメンバーがリーダーシップ機能を分担する「共有型リーダーシップ」[6]や、メンバーが主体的に動く「フォロワーシップ」[7]は、人材の成長をうながし、職場業績を高めるといわれています。

マネジャーがすべてを自分で仕切ろうとせずに、中堅メンバーと「つながり」ながら、「思い」を共有するとき、職場における「ストレッチ（挑戦）」「リフレクション（振り返り）」「エンジョイメント（やりがいや意義）」が活性化するのです。

育て上手のマネジャーの指導法

以上の落とし穴をまとめると、次のようなアプローチになります。

①弱みを克服させることに重点を置き
②問題や失敗のみを振り返らせ
③マネジャーが職場のすべてを仕切っている

こうした指導方法は、「反省」を重視した、極めて日本的・職人的な育成方法です。日本人である私たちの多くは、知らず知らずのうちに、こうした落とし穴にはまっていると考えられます。

これに対し、育て上手のマネジャーは、次のような形で部下を指導していました。

図表0-1：育て上手の指導方法

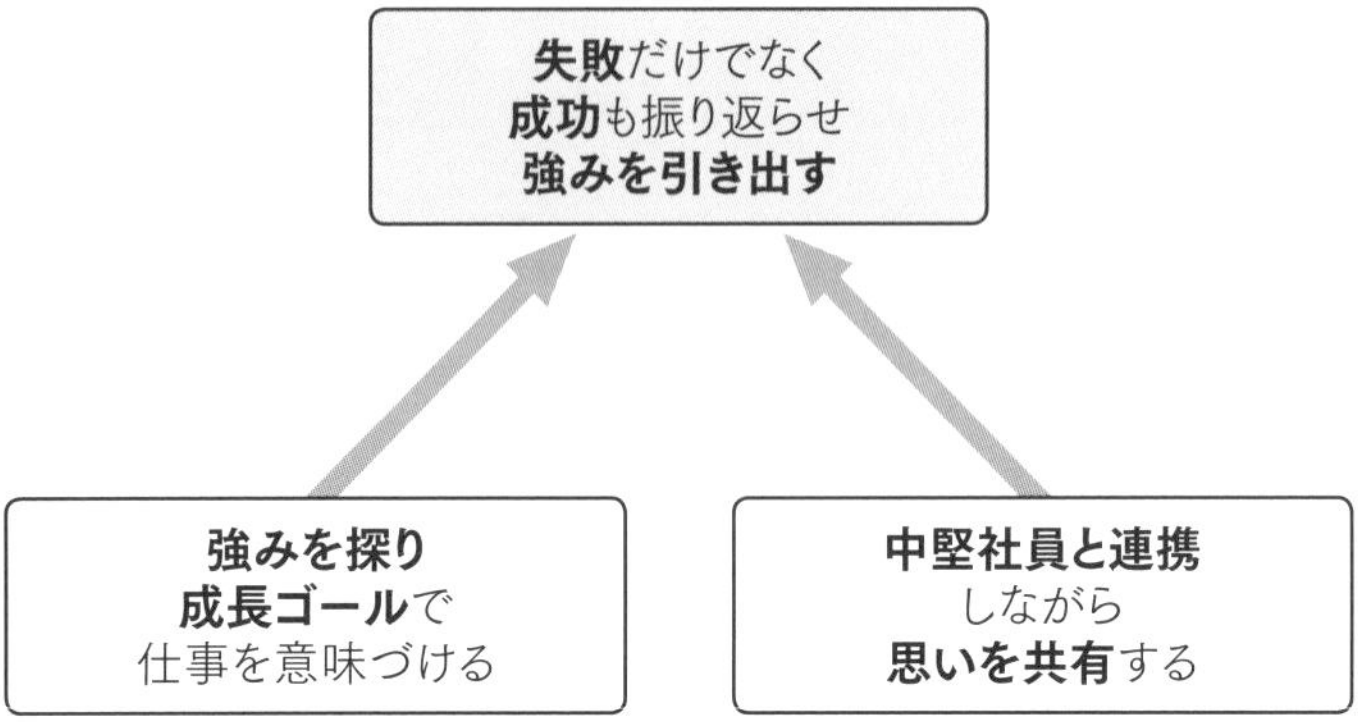
失敗だけでなく
成功も振り返らせ
強みを引き出す
強みを探り
成長ゴールで
仕事を意味づける
中堅社員と連携
しながら
思いを共有する

①強みを探り、成長ゴールで仕事を意味づけ
②失敗だけでなく成功も振り返らせることで、強みを引き出し
③中堅社員と連携しながら、思いを共有している

図表0－1に示したように、このアプローチの中核は「強みを引き出す」指導にあるといえます。業務を開始する前に、部下の強みを探り、成長ゴール（伸ばすべきスキル目標）で仕事を意味づけることは、強みを引き出すための準備作業です。

そして、中堅社員と連携しながら、ビジョンや理念を共有することで、安心して仕事ができる環境が整うとともに、若手や中堅メンバーが主体的に働くことをうながします。その上で、失敗だけでなく成功も振り返らせることで、部下の「強みを引き出す」ことができるのです。

なぜ「強みを引き出す」ことが重要なのか

ここで、なぜ「強みを引き出す」ことが重要になるかについて考えたいと思います。

実は、育て上手のマネジャー調査を開始した段階では、「強み」に注目していたわけではありませんでした。

しかし、さまざまな調査の分析結果を見ると、必ず「強みを引き出す」行動が出てきます。そこで、「強みの重要性」に関する学術的な背景を調べてみました。

個人レベル、集団・組織レベルの違いはありますが、「強み」に着目する大切さは、次のように、心理学、経営学、哲学の観点から説明できます。

①強みを生かすことで、人は「ポジティブな結果」を生み出す（心理学）
②部下の強みを引き出すことが「マネジャーの役割」である（経営学）
③人材の強みを生かし、社会に貢献することが「善」につながる（哲学）

第1に、ポジティブ心理学と呼ばれる研究では、個人の強みを生かしたほうが、「ウェルビーイング（身体的・精神的に良好な状態）」や「パフォーマンス」が高まることがわかっています。

第2に、経営の実務家に強い影響力を持つピーター・ドラッカーは、人材の強みを引き出すことが

「マネジャーの役割」であると主張しています。

第3に、哲学者の西田幾多郎は、人が持つ「その人ならではの個性」を社会に役立てることこそが、善につながると述べています。

これらの考え方について、少し紙面を割いて解説しましょう。

「強み」とポジティブ心理学

ポジティブ心理学（Positive Psychology）とは、世界的な心理学者であるマーティン・セリグマンやミハイ・チクセントミハイらが提唱している考え方です。[8]

具体的には、従来の心理学が、ストレス、うつ、異常行動など人間の不適応行動を是正することに注力してきたことを批判し、個人のウェルビーイング、希望、幸福感、強みや長所に焦点を当て、そうした感情や特性が生じるメカニズムを解明しようとするアプローチです。[9]

特に、セリグマンは、クリストファー・ピーターソンと共著で『強みと美徳（*Character Strengths and Virtues*）』という本を出版し、個人の持つ「強み」を見極めて、伸ばすことが幸福な人生につながることを提唱しています。[10]

ポジティブ心理学と呼応する形で、「強み中心のアプローチ（strengths-based approach）」が提唱されており、[11]人材育成、業績評価、コーチング、メンタリング、カウンセリング、精神医療、ソーシャルワークの分野で、その有効性が確認されています。[12]

図表0-2：強み中心アプローチの効果

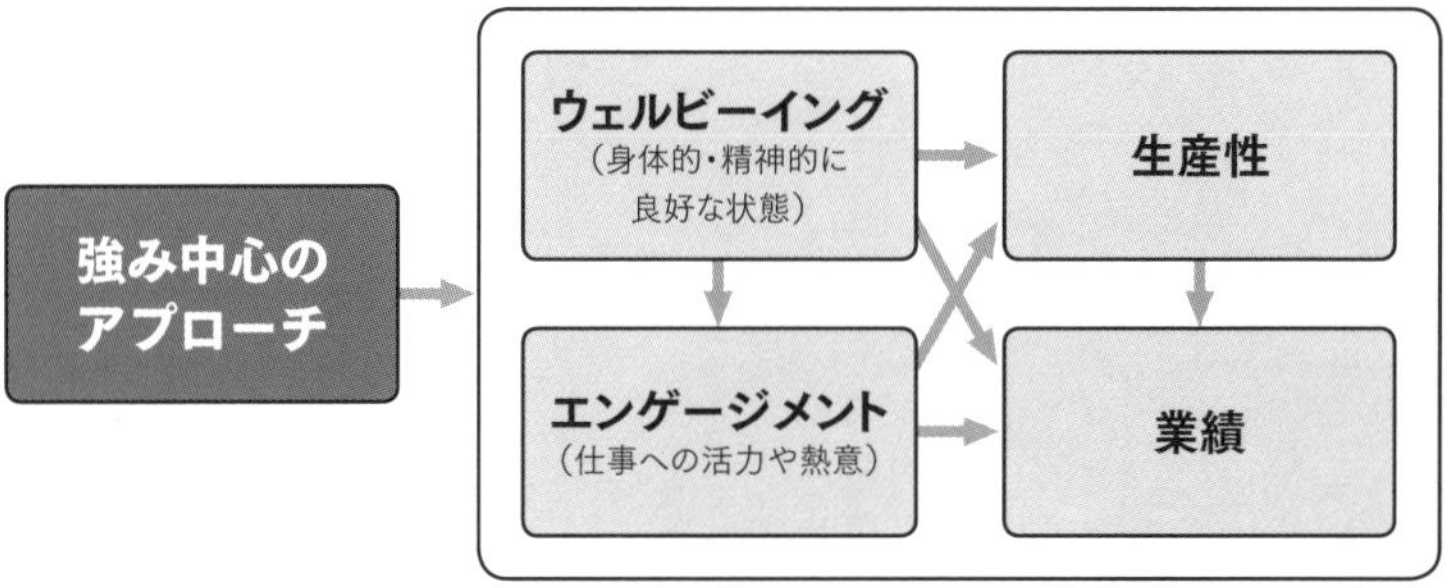

出所：Aguinis et al. (2012), Arakawa & Greenberg (2007), Clifton & Harter (2003), Padesky & Mooney（2012）をもとに作成

例えば、2000人以上のマネジャーを対象としたギャラップ社の調査によれば、部下の強みを伸ばす指導をしているマネジャーは、そうでないマネジャーよりも、約2倍の成功を収めていたそうです。[13]

一方、個人の「問題点」「欠陥」「機能不全」を改善しようとする「弱み中心のアプローチ（weakness-based approach）」[14]は、部下の防衛的反応を引き起こしたり、改善意欲を低下させやすいことが報告されています。[15]

図表0－2に示すように、「強み中心のアプローチ」は、部下あるいは対象者のウェルビーイングやエンゲージメント（仕事への活力や熱意）を高め、その結果として、生産性や業績を向上させることができるのです。[16]

「強み」を強調するドラッカー

人材の持つ強みに着目しているのは、ポジティブ心理学だけではありません。「現代経営学の父」と呼ばれているピーター・ドラッカーも、彼の著書『マネジメント（*Management*）』の中で次のように述べています。

「マネジャーの第一の務めは、人材の強みを引き出すことである」[17]

ピーター・ドラッカー

ドラッカーは、マネジメントの哲学を「ひとりひとりの強みをできるかぎり引き出してその責任範囲を広げ、全員のビジョンと努力を同じ方向へ導き、協力体制を築き、個と全体の目標を調和させるものである」とし（邦訳159頁）、さらに「成果への意欲を培うためには、ひとりひとりに強みを存分に発揮させる必要がある。人材の弱みではなく、あくまでも強みに力点を置かなくてはいけない」（邦訳191頁）と述べています。

そもそも、マネジメントは「他者を通して事を成し遂げること」[18]と定義されていますから、主な他者である部下の強みを最大限に引き出して、与えられた仕事を成し遂げることが、最大の成果につながるという考え方は理にかなっています。

ドラッカーが「強み」を強調する背景には、彼がユダヤ系の家庭で育ったことも関係しているかもしれません（ドラッカー自身はキリスト教徒だったようですが）[19]。

上田和夫著『ユダヤ人』（講談社現代新書）によれば、マルクス、フロイト、アインシュタイン、ロスチャイルドなど、さまざまな分野において優れた人材を輩出してきたユダヤ人家庭の教育方法には、ある傾向があるといいます。

その方法とは、子どもたちに何らかの例外的な成功の可能性が見られた場合、それを決して見逃さず、子どもの才能を花開かせるためにあらゆることがなされるという教育法です。社会の中で迫害を受けてきたユダヤ人が、生き延びる方法の1つが「才能を発見し、応援する」ことだったと考えられます。

個人性を起点とする西田哲学

強みとは、その人ならではの個性です。哲学者の西田幾多郎は、「他人に模倣のできない自分の特色」すなわち、強みを「個人性」と呼んでいます。[20]
どんな人間でも、その人しかできない何かを持っており、偉大な人はこの個人性を発揮した人である、と西田は言います。
彼の著書『善の研究』（岩波文庫）から、関連箇所を引用してみましょう。

西田幾多郎（共同通信社）

「**自己の本分を忘れ徒《いたず》らに他のために奔走した人よりも、能《よ**

く自分の本色を発揮した人が偉大であると思う」（中略）「社会の中に居る個人が各《おのおの》充分に活動してその天分を発揮してこそ、始めて社会が進歩するのである。個人を無視した社会は決して健全なる社会といわれぬ」[21]

つまり、個人性を発揮した人が大きな成果を上げ、個人性を大事にする組織や社会が発展するという考え方です。

しかし、西田幾多郎によれば、個人性は善のスタートではあるけれども、そこには「愛」がなければならない、といいます。

「善は、小は個人性の発展より、進んで人類一般の統一的発達に到ってその頂点に達する」（中略）「我々が内に自己を鍛錬して自己の真体に達すると共に、外自ら人類一味の愛を生じて最上の善目的に合う様になる、これを完全なる真の善行というのである」[22]

つまり、その人本来の強みである「個人性」を生かして、社会や人類のために役立てたときに真の善となるという考え方です。

同様に、本田技研工業株式会社の創始者である本田宗一郎氏も、次のように述べています。

「国家をはじめとして今日の機構の中で大事なのは、その中で一人一人の人間の特性が正しく評価され、活用されることだ。なぜならば、その人間の個性がもつ特性のほかに、機構にとって必要なものは何もないはずであるからだ。そして、そうした個性を生かすものこそ、経営学の根本であるはずだ」[23]

本田氏の主張は、西田哲学とドラッカー経営学を橋渡しする考え方です。

なお、こうした「個人性」と関係するものに「本来感（authenticity）」があります。[24] 最近の研究では、「本来の自分」「本当の自分」であるという感覚を持つ人ほど、ウェルビーイング（身体的・精神的健康）、自尊心、職務満足度が高く、ストレスやうつ状態を感じにくくなり、結果として仕事に関する能力や業績が高くなることがわかっています。[25]

個人の強みを引き出す指導法の意義

これまで見てきたように、個人の「強みを生かす」ことは、

①幸福で健康的な働き方や人生につながり（ポジティブ心理学）
②組織における成果を向上させ（ドラッカー経営学）
③社会に善をもたらします（西田哲学）

人は「その人ならではの才能や特性」を持っていますが、そうした才能や特性は、十分に開発されず

に「眠っている」状態であったり、「使われていない」状態にあることが多いといえます。

そうした「眠っている」「未使用」の才能や特性を仕事経験の中で引き出し、成果につなげることをサポートするのが指導者の役割です。

本書の目的は、育て上手のマネジャーが、いかに部下の強みを引き出しているかを明らかにすることにあります。

2つの補完スキル：「仕事の創出」と「リフレクション支援」

強みを引き出す3つの指導方法が本書の中心ですが、こうした指導を通じて「経験から学ぶ力」を伸ばすためには、2つの補完スキルが必要となります。

第1の補完スキルは「仕事の創出」です。マネジャーは、それぞれの部下に適した仕事をアサインする（割り当てる）必要がありますが、そんなに都合よく業務が職場にあるわけではありません。

育て上手のマネジャーは、部下の強みを引き出す業務を用意するために、「つなぐ」「わたす」「つくる」という3つの方法をとっていました。

すなわち、他部署や外部組織と連携し（つなぐ）、自分自身のマネジメント業務やベテラン部下の業務の一部を任せ（わたす）、新たな業務やチームを設置する（つくる）ことで、仕事を創出していたのです。

第2の補完スキルは「リフレクション支援」です。すでに述べたように、経験から学ぶためのポイントの1つがリフレクション（振り返り）です。

育て上手のマネジャーは、部下のリフレクションをうながすために、「事実の確認」「共感」「評価」という3ステップを採用しています。すなわち、何が起こったのかを聞き（事実の確認）、部下の感じたことに耳を傾け（共感）、何が原因でどのような対策をとるべきかを共に考えていました（評価）。

こうした「仕事の創出」と「リフレクション支援」は、強みを引き出す3つの指導方法を支える重要なスキルです。本書では、それぞれの章を設けて、これら2つの補完スキルについても解説します。

以上述べた、3つの指導方法（①強みを探り、成長ゴールで仕事を意味づける、②失敗だけでなく成功も振り返らせ、強みを引き出す、③中堅社員と連携しながら、思いを共有する）と、2つの補完スキル（①仕事の創出、②リフレクション支援）を持つリーダーは、メンバーの強みを引き出し、大きく成長させることが可能になります。

本書を読んでほしい方

本書は、次の3タイプの読者を想定して書かれています。

・部下育成に悩むマネジャー
・後輩育成の役割を担う中堅社員
・新人の育成を任された若手社員

まず、メインの読者層は、部下育成に悩む課長クラスの中間管理職です。「とりあえず仕事は回っているが、思ったように部下が育たない」と感じているマネジャーは多いのではないでしょうか。中には「困った部下に手を焼いている」というマネジャーや、マネジメント・スタイルが古いために、若い世代と距離を感じているベテラン・マネジャーもいるはずです。通用しなくなりつつある指導方法を、有効な指導方法にアップデートするためにも、本書を活用してほしいと思います。

第2のターゲットは、職場において信頼されている、20代後半から30代にかけての中堅社員の方々です。管理職と若手をつなぎながら、後輩を育成する経験は、将来、管理職や指導的立場になったときのための貴重なトレーニングになります。

第3のターゲットは、新入社員の育成を担当している「OJTトレーナー」「メンター」「プリセプター」と呼ばれる若手社員の方々です。新人の世話をする側がストレスを抱えて悩むケースも多いようですが、新人指導は自分自身が成長する絶好の機会です。この機会を生かすためにも、本書の内容を参考にしてください。

本書のアウトライン

本書は以下のような章から構成されています。

1章　経験学習の基本プロセス

2章　育て上手のマネジャーvs平均的マネジャー
3章　育て上手の指導法1：強みを探り、成長ゴールで仕事を意味づける
4章　育て上手の指導法2：失敗だけでなく成功も振り返らせ、強みを引き出す
5章　育て上手の指導法3：中堅社員と連携しながら、思いを共有する
6章　補完スキル1：成長をうながす仕事の創り方
7章　補完スキル2：成長をうながすリフレクション支援
終章　まとめ
付録A　強みのリスト
付録B　自己診断チェックリスト
付録C　育成ワークシート

本書は、拙著『「経験学習」入門』をベースに書かれていますが、前著を読んでいない方もいらっしゃるかもしれません。そうした方のために、1章では、経験学習のエッセンスを手短に説明しています。2章では、本書の全体イメージを持ってもらうために、育て上手のマネジャーと平均的なマネジャーの典型例を紹介します。その上で、育て上手のマネジャーの指導について、その全体構造を解説します。

3章から5章は、育て上手のマネジャーの指導方法である3つの特徴について詳しく解説したセクションです。3章は、仕事を任せるときに、部下の強みを探り成長ゴールを設定する方法について、4章は、失敗だけでなく成功も振り返らせ、強みを引き出す方法について紹介します。5章は、中堅社員と

連携しながら、思いを共有することがテーマです。

6章では、「やりがいのある仕事を任せたいが、そんなに都合よく仕事があるわけではない」と感じるマネジャーに対して、魅力のある業務の創り方を紹介します。

7章では、経験の振り返りをサポートするスキルを説明した上で、職場で簡単に実践できる「5分間リフレクション・エクササイズ」を紹介します。

そして終章では、全体の内容をまとめました。

付録Aには、3つのタイプの「強みのリスト」を掲載しました。部下や後輩の強みを見極める際に活用してください。

付録Bでは、1章から7章までの内容について、自己診断できるチェックシートを用意しました。できている点、できていない点を確認し、指導力アップに役立ててもらえればと思います。

付録Cとして、部下や後輩の①成功経験、②強みや弱み、③任せたい仕事、④成長ゴール、⑤職場のビジョンや理念、⑥連携する中堅社員の強みと役割を書き込めるワークシートをつけました。

中堅社員やOJT指導者の方は、主に1～4章、7章、および付録A・Bを中心に読んでいただき、職場運営や仕事の任せ方について解説した5～6章については、将来マネジャーになったときの参考情報としてください。

本書の活用方法

本書の活用方法はさまざまですが、主に次の3つの方法が考えられます。

①自習用：まず、本書を読み、みなさんがご自身の指導を修正したり、新たなやり方を試してみるという方法が考えられます。通読した後、付録Bの自己診断チェックリストを活用し、現状を把握することをおすすめします。

②研修用：本書は、マネジメント研修やOJTトレーナー研修のテキストとしても活用できます。付録Cのワークシートを用いて、部下・後輩をどのように指導すべきかを考えることで、指導力をレベルアップすることができます。

③勉強会用：最後に、職場内外の勉強会で本書を活用することが可能です。部署内において指導的立場にあるマネジャーと中堅社員が一緒に読んで議論したり、複数部署が集まり、自分たちの指導について見直すことをおすすめします。

「はじめに」のまとめ

育て上手のマネジャーは、次のように指導をしていました。

①部下の強みを探り、成長ゴールで仕事を意味づける
②失敗だけでなく成功も振り返らせ、強みを引き出す
③中堅社員と連携しながら、思いを共有する

こうした指導は、「組織における成果」を高め、「人生における幸福」や「社会における善」につながります。

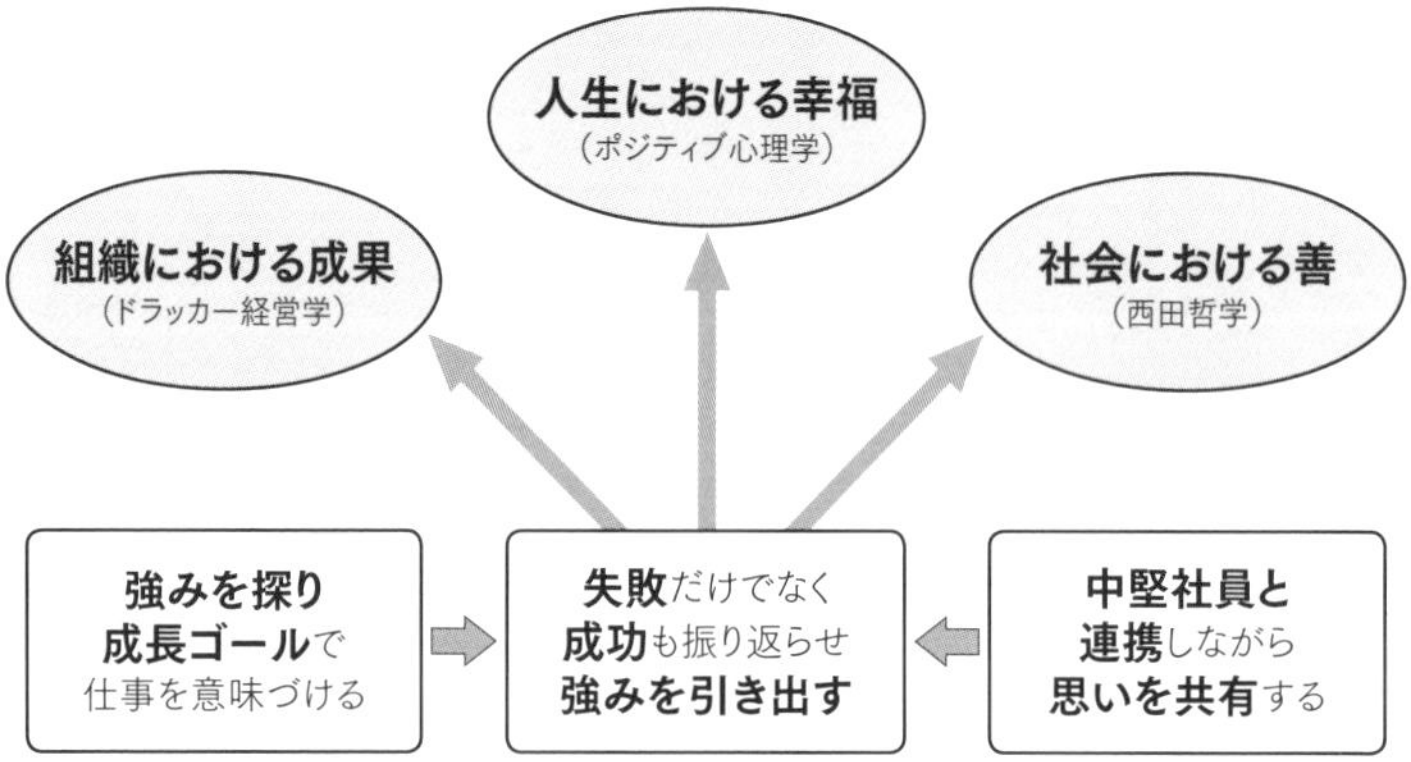

人生における幸福
（ポジティブ心理学）
組織における成果
（ドラッカー経営学）
社会における善
（西田哲学）
強みを探り
成長ゴールで
仕事を意味づける
失敗だけでなく
成功も振り返らせ
強みを引き出す
中堅社員と
連携しながら
思いを共有する

育て上手の指導法

経験学習リーダーシップ◉目次

第3章

育て上手の指導法1
強みを探り、成長ゴールで仕事を意味づける

第4章
育て上手の指導法2
失敗だけでなく成功も振り返らせ、強みを引き出す

第5章
育て上手の指導法3
中堅社員と連携しながら、思いを共有する

第6章
補完スキル1
成長をうながす仕事の創り方

第7章

補完スキル2
成長をうながすリフレクション支援

【参考情報】

本書のベースとなった調査と分析方法

本書を執筆する際に参考にした調査は次の通りです。

①育て上手のＯＪＴ担当者調査（質問紙調査）

入社５年目までの若手社員を指導しているOJT担当者715名（中堅・大規模22組織）を対象とした（量的）質問紙調査。本調査の結果は、拙著『「経験学習」入門』においても紹介しています。

②育て上手のマネジャー調査（インタビュー調査）

人材育成力が高い管理職52名（中堅・大規模26組織）に対するインタビュー調査（企業の人事部に「若手・中堅社員を育成してきた実績を持つ管理職」を紹介してもらいインタビューを実施）。

③育て上手のマネジャー調査（自由記述調査）

大手製造業Ａ社の課長クラスのマネジャー51名に対する自由記述式調査。

④育て上手のマネジャー調査（質問紙調査）

大手製造業Ｂ社の課長クラスのマネジャー181名に対する（量的）質問紙調査。

⑤ジョブ・アサインメント調査（自由記述＆質問紙調査）

管理職48名（大規模８組織）に対する自由記述式調査。および、管理職394名および中堅社員700名（中堅・大規模33組織）に対する質問紙調査。

これらの調査データを分析し、モデルを抽出するにあたり、統計的分析に加えて、アンセルム・ストラウスとジュリエット・コービンによる「グラウンデッド・セオリー・アプローチ」を用いました。この手法は、３段階のコーディング手続きによって、質的データから理論モデルを構築する方法論です。[26]

なお、インタビュー内容や自由記述内容を紹介する際には、読みやすさを重視し「です・ます調」に統一しました。

第1章

経験学習の基本プロセス

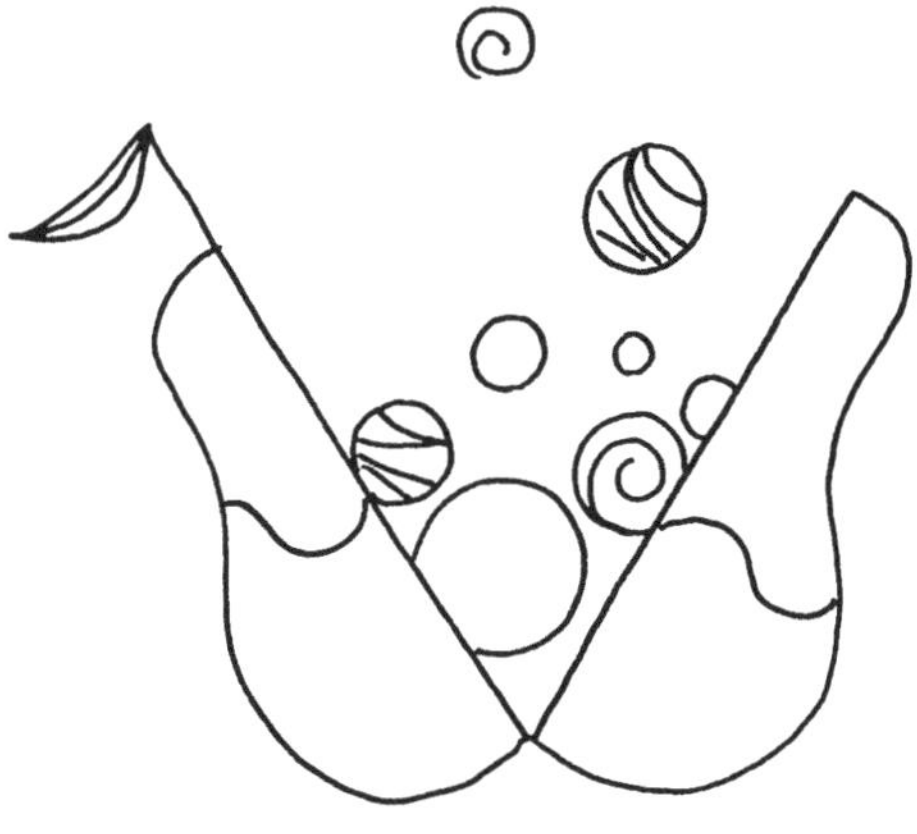

Leadership for Experiential Learning

本書は、２０１１年に出版した拙著『「経験学習」入門』をベースにしつつ、職場メンバーの経験学習をうながすリーダーシップに焦点を当て、そのプロセスを深く掘り下げることを目的にしています。育て上手のマネジャーの多くは、（研究書を学んだわけではないと思いますが）結果的に、経験学習の理論に沿って指導をしていました。

つまり、**経験学習の基本的な知識を知っておいたほうが、本書で紹介する指導方法の本質を深く理解することができる**といえます。

本章では、『「経験学習」入門』を読んでいない人のために、経験学習の基本プロセスを簡単に紹介します。

なお、同書で解説できなかった点についても触れていますので、すでに読まれた方も、目を通していただければ幸いです。

人はいかに経験から学ぶか

経験学習論のルーツをたどっていくと、米国の教育哲学者であるジョン・デューイにたどり着きます。デューイによれば、経験は「個人と、個人を取り囲む環境との間のやりとり」を指すのですが、このとき、個人の学びにつながる良い経験と、学びにつながらない経験があるといいます。[27]

学びにつながる経験には、次の２つの特徴があります。

①相互作用の原理
②連続性の原理

相互作用の原理とは、学ぶ人が周囲の環境と主体的に相互作用していることを意味し、連続性の原理とは、ある経験において学んだ内容が、その後の経験に応用されていることを指します。

例えば、営業担当者が、顧客と商談しているとしましょう。この担当者が、顧客の問題を深く理解することに努め、その問題を解決するための方法を懸命に考えていたとしたら、相互作用の原理を満たしています。

ジョン・デューイ（ゲッティ＝共同）

これに対し、顧客の話をうわの空で聞いて、別のことを考えていたとしたら、相互作用の原理は当てはまりません。

また、営業担当者が、ある商談で得た知識やスキルを別の商談に生かしたとしたら、連続性の原理を満たしていますが、そうした知識やスキルがその後に生かされないとしたら、連続しているとはいえません。

つまり、主体性を持って積極的に状況に対応し（相互作用の原理）、ある状況で得た学びを別の状況に生かしているならば（連続性の原理）、人の成長につながる良い経験になっているのです。

図表1-1：コルブの経験学習サイクル

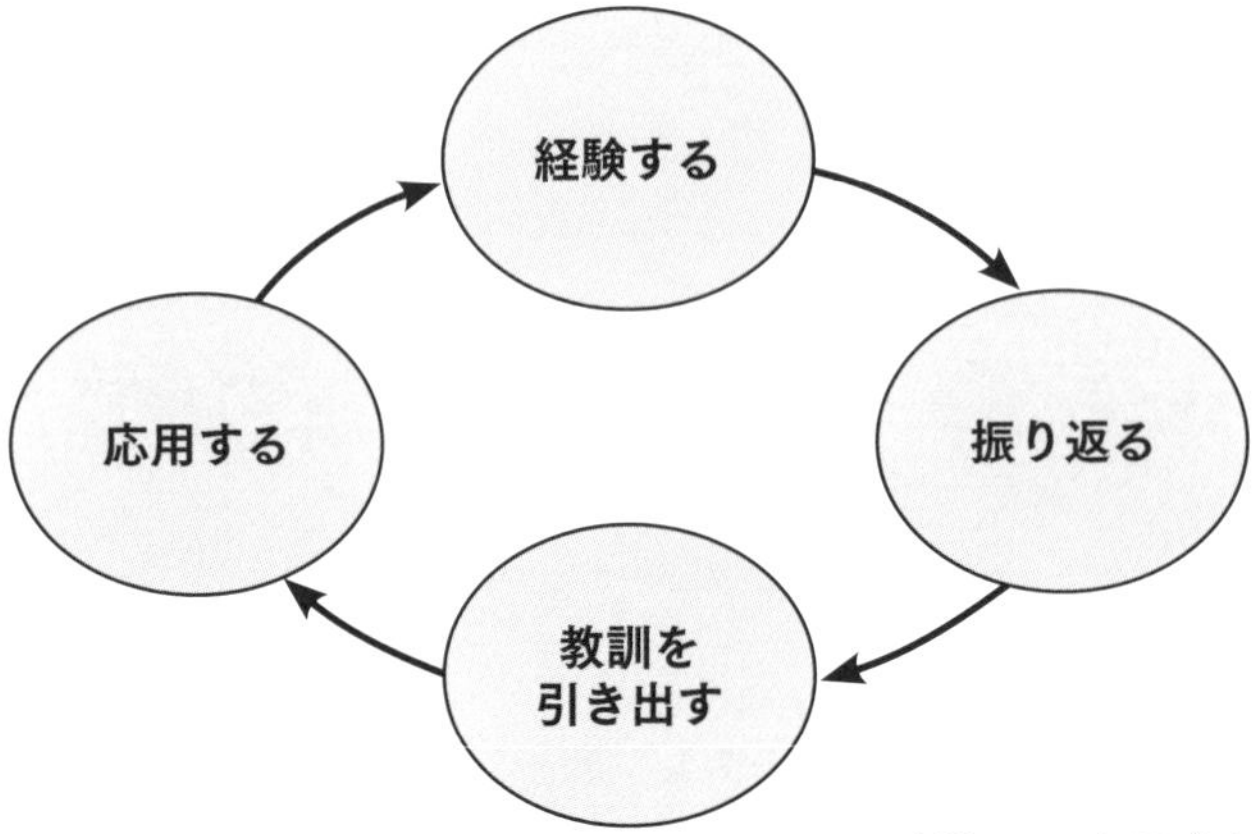

出所：Kolb（1984）を修正

こうした考え方は、本書を読んでいるみなさんにも適用できます。

もしみなさんが、自分の状況に当てはめながら本書を読み、ここで得た考え方や手法を自分の仕事に生かしたとしたら、「相互作用の原理」と「連続性の原理」に沿った読書になっているのです。

コルブの経験学習サイクル

このデューイの考え方を発展させたのが、デイビッド・コルブです。彼の提唱する経験学習サイクル・モデルを**図表1-1**に示しておきました。[28]

このモデルによれば、①ある経験をし、②その経験の内容を振り返り、③そこから何らかの教訓を引き出し、④その教訓を別の状況に適用することを通して、人は経験から学びます。

このとき、経験をしっかりと振り返り、教訓を引き出しているならば「相互作用の原理」を満たしており、教訓を別の状況に応用しているならば「連続性の原理」を満たしています。

往年のプロ野球の名選手・名監督である野村克也氏、永世七冠となった棋士・羽生善治氏、世界的バレリーナの吉田都氏などは、練習・試合・対局・舞台を振り返り、そこから教訓を引き出していたことで有名です。こうした人たちは、意識して経験学習サイクルを回してきたからこそ、一流の人材になりえたといえます。

なお、経験学習サイクルは、個人だけでなく、集団や組織にも適用できます。

例えば、米国陸軍では、アフター・アクション・レビュー（AAR）と呼ばれる仕組みを通して軍事力をアップしています[29]。つまり、作戦（経験）が終了した際には、関係者を集めて自分たちの活動を振り返り、「なぜ作戦が成功・失敗したのか」について教訓を引き出し、それを別の作戦に応用しているのです。

経験学習を阻む「3つのカベ」

コルブの経験学習サイクルは、簡単そうに見えて、実践することがなかなか難しいモデルです。具体的にいうと、**図表1-2**に示した「3つのカベ」が、経験学習サイクルの実施を阻んでいます。

第1に、「振り返りのカベ」があります。

そもそも、自分の経験を振り返る習慣を持たない人は、このカベを乗り越えていません。「経験して、経験して、経験して」何となく身体が覚えているというアプローチでは、経験からの学びが少なくなり

図表1-2：経験学習サイクルを阻む「3つのカベ」

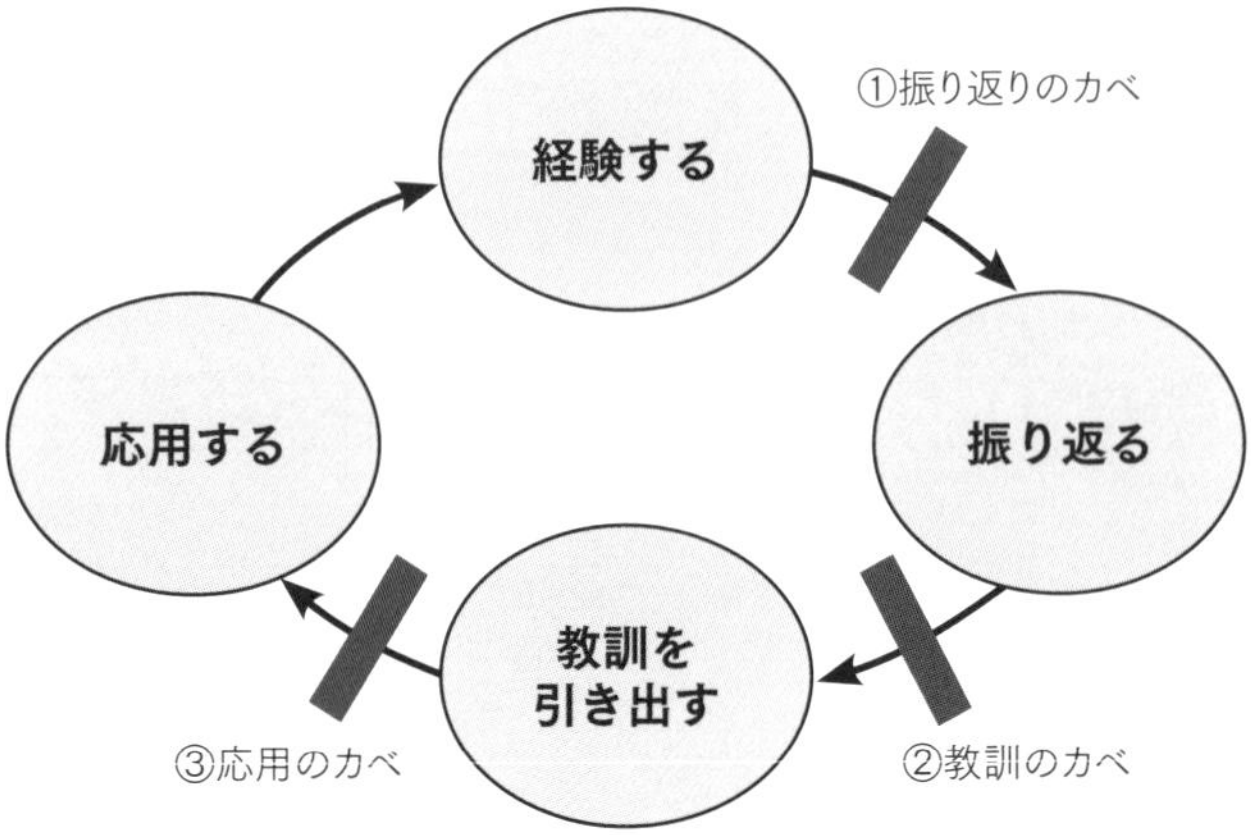

出所：Kolb（1984）をもとに作成

ます。

毎日ではなくとも、週に１回、月に１回でも、意識的に自分の経験を振り返る習慣を持つことが大切です。

第２に、「教訓のカベ」があります。

経験を振り返ってはいても、単に後悔したり喜んでいるだけで、教訓を引き出していないケースが多いのではないでしょうか。

出来事を思い出すことは簡単ですが、「なぜ上手くいったのか？」「次に気をつけるべきことは何か？」という教訓を引き出すことは意外に難しいものです。

第３に、「応用のカベ」があります。

せっかく教訓を得ても、それを次の機会に応用できていない、という問題を抱えている人もいるはずです。

例えば、「準備不足のために上手くプレゼンテーションできなかったので、次回はしっかりと準備しよう」という教訓を出しても、あいかわらず準備不足のプレゼンをしてしまう人がいるかもしれません。

第１と第２のカベは、デューイの言う「相互作用の原理」と関係し、第3のカベは「連続性の原理」と関係しています。3つのカベを乗り越えて、はじめて経験学習サイクルが適切に回り、経験から学ぶことができます。

3つのカベを乗り越えるポイントは、負担にならない範囲で、楽しみながら振り返りを習慣化することです。

例えば、あるマネジャーは、毎朝の通勤電車の中で、前日の仕事内容を振り返り、スマホのメモ機能を利用して「一行教訓（経験からの学びを一行でまとめたもの）」を箇条書きで記録しています。そして、定期的にこの教訓リストを眺めて、実行・応用したものに✓マークをつけることで、3つのカベを乗り越えているそうです。

この事例のように、手軽に、経験の振り返りを習慣化してみてください。

成長につながる仕事経験

人を大きく成長させる経験を、神戸大学の金井壽宏先生は「一皮むける経験」と呼んでいます[30]。

私も2013年に出した書籍『成長する管理職』（東洋経済新報社）の中で、企業の課長・部長がどのような経験を通してマネジメント能力を獲得しているかについて分析しました。

その結果、次の3タイプの経験が、マネジャーの成長をうながしていることがわかりました（図表1－3）。

図表1-3：人材の成長をうながす3つの経験

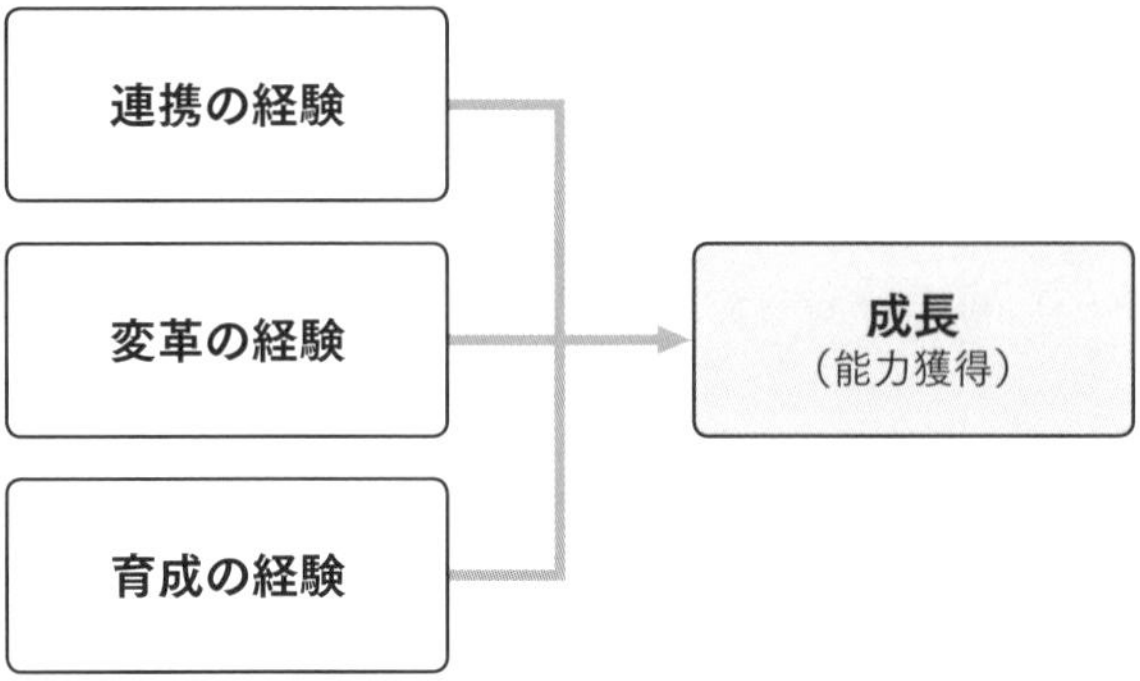

①部門を越えて連携した経験
②変革に参加した経験
③部下を育成した経験

　すなわち、①他部門や他組織と連携しながら仕事をした経験、②組織における変革・改善に関わった経験、③部下・後輩を育成した経験を積んだ人ほど、マネジャーに必要な能力を身につけていました。

　簡単にいうと、「連携」「変革」「育成」が、成長を後押しする三本柱なのです。では、なぜこうした経験が人を成長させるのでしょうか？

　まず、他部門・他組織の人々は、自分とは違う考え方、価値観、こだわりを持っています。そうした人々と一緒に仕事をすると、対立することもありますが、ものの考え方や見方が多面的になり、視野が広がるのです。

　また、他部門の人と仕事をすると、命令することができないケースが多いため、相手を心から納得させるコミュニケーション力や説得スキルを磨くことができます。

一方、「変革」に携わると、必ずといっていいほど「変革に抵抗する人」が出てきます。そうした抵抗勢力を乗り越えて変革を成功させるためには、自分で勉強し、創意工夫することが欠かせませんし、相手を説得する力や、成果を出すための実行力が求められます。そうしたプロセスを通して、人は一皮むけるのです。

そして、「部下育成の経験」に関して、ドラッカーは次のように述べています。

「他人の育成を手がけないかぎり、自分の能力を向上させることはできない」[31]

「他者を通して事を成し遂げること」がマネジメントですから、主な他者である部下を育成しないかぎり、優れたマネジメントを実行することは不可能です。

しかし、優れたプレーヤーであるマネジャーほど、部下に任せることができず、自分が対応してしまいがちです。その意味で、本書のテーマである「部下育成」は、マネジャーの成長と直結する課題だといえます。

経験から学ぶ力とは

それでは「連携」「変革」「育成」の経験を積めば、誰でも自動的に成長することができるのでしょうか？

図表1-4：経験から学ぶ力

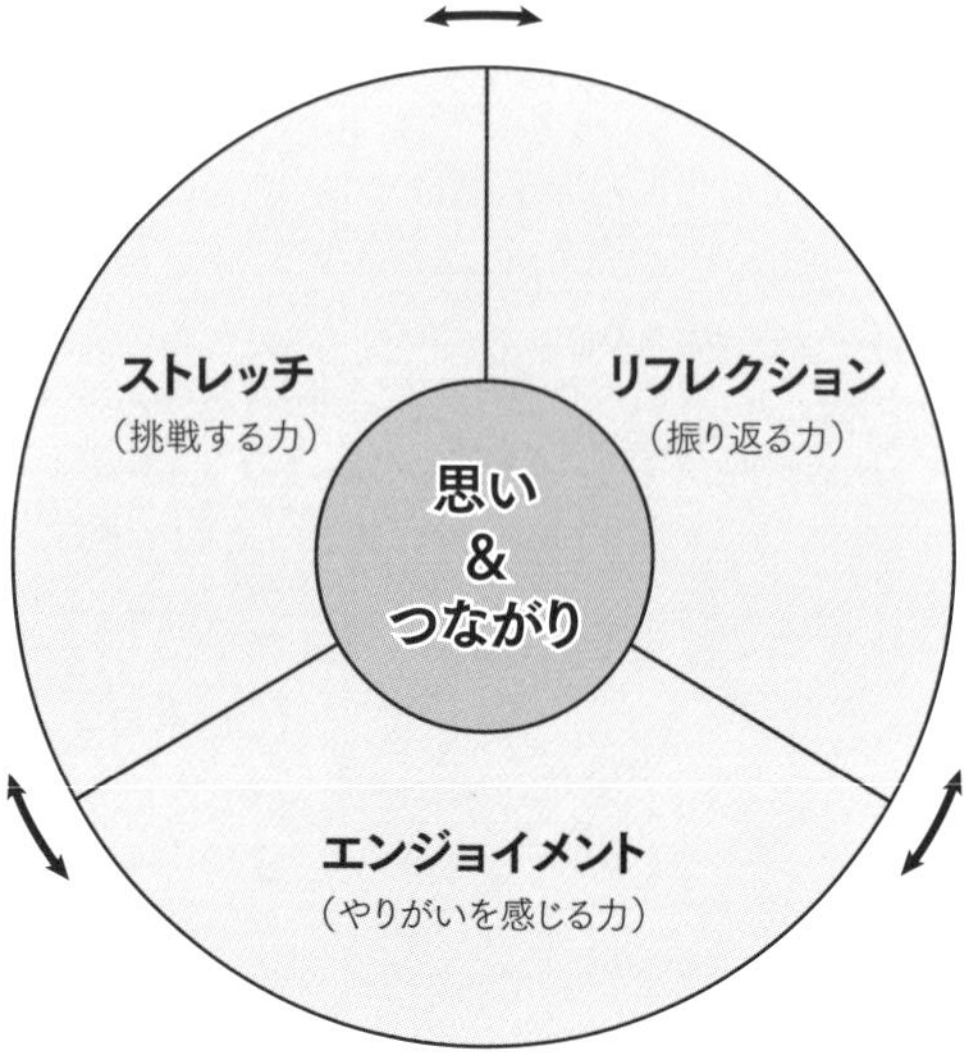

注：『「経験学習」入門』ではエンジョイメントを「楽しむ力」としていましたが、本書では「やりがいを感じる力」に変えています（「楽しむ」には幅広い意味があるため、意味を特定しました）

現実はそう簡単ではありません。

なぜなら、そうした経験から学びとる力に差があるからです。経験から学びとる力のある人は、水をどんどん吸収する「スポンジ」に例えることができます。一方、経験から吸収できない人は、水を吸い込まない「軽石」のような人です。

では、スポンジ型の人材、つまり「経験から学ぶ力」を持つ人は、どのような力を持っているのでしょうか？

「はじめに」でも述べたように、経験から学ぶ力は次の5つの要素から説明することができます[32]（図表1－4）。

①ストレッチ（挑戦する力）

「ストレッチ」とは、与えられた仕事を遂行するにあたり、高い目標を設定する力、すなわち挑戦する力を指します。同じような仕事を任されても、「ここまでやってみよう」と高いレベルを目指す人と、「このくらいやれば文句を言われないだろう」と、ほどほどの目標値を設定する人がいますが、その違いです。

②リフレクション（振り返る力）

「リフレクション」は、仕事経験を適切な形で振り返ることができる能力を指します。例えば、失敗経験を振り返るとき、他人のせいにしたり、自分を責めてばかりいても、適切な学びを得ることはできません。「自分の行動」「他人の行動」「そのときの状況」を客観的にとらえて、冷静に経験を振り返ることが成長につながります。

③エンジョイメント（やりがいを感じる力）

ストレッチとリフレクションだけを繰り返していると「修行僧」のようになり、「疲弊」してしまいがちです。そこで必要となるのが、エンジョイメント、つまり、「やりがいを感じる」もしくは「やる意味や意義を感じる」力です。

仕事にやりがい（エンジョイメント）を感じる人は、「もう少し頑張ってみよう」とストレッチ力も高くなるはずです。また、挑戦するほど乗り越えるカベが高くなるので、考える力であるリフレクション力が鍛えられます。そして、振り返る過程で仕事のやりがいや面白さ（エンジョイメント）を実感できるのです。

このように「ストレッチ」「リフレクション」「エンジョイメント」は相互に関係し合っています。

④思い

「ストレッチ」「リフレクション」「エンジョイメント」を高める原動力の1つが、個人の「思い」です。思いとは、目標、信念、価値観、ビジョンのように、その人が向かっている方向性や、大切にしている考え方やこだわりであり、特に「自己成長」に関する思いが重要になります。

自己成長に対する強い思いを持っている人は、挑戦しようという気持ちが強くなりますし、その思いをモノサシにして振り返ることができます。また、自分の思いをベースにすると、仕事の中のやりがいや面白さに気づきやすくなるのです。

つまり、目標・信念・価値観としての「思い」は、学びに関する能力、態度、行動を方向づけたり、導いたりする「方向指示器」の役割をしています。

⑤つながり

「ストレッチ」「リフレクション」「エンジョイメント」を高めるもう1つの原動力が、他者とのつながりです。成長している人は、成長を応援してくれる他者とつながっている傾向にあります。

例えば、自分では躊躇してしまうような仕事を振られたとき、誰かに背中を押されて挑戦したことはないでしょうか。経験を振り返る際にも、他者からのアドバイスをもらうことで、自分では気づかなかった点に気づくことができます。また、周囲の人からの「励まし」や「承認」によって、仕事のやりがいを実感することが可能になります。

経験から学ぶ力：2つの事例

それでは、ここで「経験から学ぶ力」によって成長することができた新入社員とマネジャーの事例を紹介しましょう。

①ケース1：単純作業を学びに変えた新入社員

ある大手建設会社に入社したA君は、向上心が強く前向きな性格です。ところが配属された部署で命じられた仕事は、書類をシュレッダーにかけて裁断するというものでした。朝から晩まで、文書をシュレッダーに入れるという単純作業をする中で、会社を辞めることも頭をよぎりました。

しかし、「なぜこの仕事をしなければならないのか？」「この仕事にはどういう意味があるのか？」を考えるうち、あることに気づきました。シュレッダーにかける書類とは、そのまま捨てて外部に漏れると問題になるような重要な文書であることです。

裁断する前の書類の中身を見たところ、会社の決算情報、中長期計画の予備資料、重要プロジェクトの企画書など、普通の社員では知ることができない大事な文書ばかりでした。

以前は何も考えずにシュレッダーにかけていた彼ですが、その後は、裁断前の文書に目を通すことで、会社の現状を把握するように心がけたところ、さまざまなことを学ぶことができました。その後、こうした姿勢で仕事をするA君への周囲からの評価は高まり、「彼なら信頼できる」と、より挑戦的な仕事を任されるようになりました。

このエピソードは社内でも有名になり、今では、同社の入社式には必ず新入社員に紹介されているそうです。

A君のケースを「経験から学ぶ力のモデル」に当てはめてみましょう。向上心（思い）の強いA君は、単純作業を任されても、その仕事の意味を深く考えることで（リフレクション）、仕事の中に学びの要素を見つけ（エンジョイメント）、シュレッダーかけを学びの機会に変えました（ストレッチ）。その結果、周囲からの信頼を得て（つながり）、やりがいのある仕事を任せられるようになったのです。

②ケース2：マネジメント方法を変えた課長[33]

ある民間企業のB課長は、高い業績を上げている評判のマネジャーでした。しかし、彼のマネジメント・スタイルは、部下を手足のように使って作業をさせ、仕上げを彼が行うことで高いパフォーマンスを上げるというものでした。いわば部下をロボット化していたのです。

しかし、他の課長とともに、各自のマネジメントを振り返る社内ワークショップに参加した際、「自分の管理手法は、これでいいのだろうか？」という疑問を持つようになりました。

そこで彼は、部下の強みを書き出し、その強みに合った仕事を任せて、部下の主体性を尊重するようなマネジメントに変えてみました。

数か月経ったある日、となりの部署の課長が「最近、君の部署の雰囲気が変わったな。前は君の怒鳴り声しか聞こえなかったけど、今はメンバーがいきいきと働いているよ」と言われたそうです。それを聞いたB課長は、マネジャーのやりがいを感じることができるようになりました。

このケースのB課長は、マネジャーとして成長したいという気持ちを持ちつつ（思い）、他の課長たちと一緒にワークショップに参加し（つながり）、自分の管理スタイルを見直しました（リフレクション）。そして、部下の強みを生かし、任せるスタイルに変えることで（ストレッチ）、職場の雰囲気も良くなり、マネジメントの面白さを感じるようになったのです（エンジョイメント）。

以上2つのケースからわかるように、年齢やキャリア段階に関係なく、経験から学ぶ力は人材の成長に欠かせません。

自分を成長させるためには、「ストレッチ、リフレクション、エンジョイメント、思い、つながり」という5つの要素を常に点検し、軌道修正することが大事になります。

経験から学ぶ力を伸ばすOJT

経験から学ぶ力は、部下や後輩を指導する際にも重要になります。

拙著『「経験学習」入門』では、入社5年目までの若手社員を指導している「OJT担当者」を対象とした調査を実施しました（22社715名を対象とした調査）。

その結果、育成力の高いＯＪＴ担当者ほど、部下の「経験から学ぶ力」を伸ばす形で指導していることがわかりました。

その特徴は次の３点です。

①部下が挑戦的な目標を設定するのを支援している（ストレッチ）
②部下が失敗だけでなく成功体験を振り返るのを支援している（リフレクション）
③部下が成長した点をフィードバックしている（エンジョイメント）

このように、ストレッチ、リフレクション、エンジョイメントを意識しながら指導するスタイルが、育て上手のＯＪＴ担当者の特徴です。

本書の目的は、この調査結果を発展させ、育て上手のマネジャーがどのような指導をしているかについて、詳しく解き明かすことにあります。

次章以降では、育て上手のマネジャーが実践している具体的な指導法を見ていきます。

第1章のまとめ

本章では、経験学習の基本プロセスについて検討してきました。ポイントは以下のようにまとめることができます。

□ 人は「経験→振り返り→教訓化→応用」のサイクルを通して学ぶ
□「連携、変革、育成」の経験が成長をうながす
□「ストレッチ（挑戦する力）」「リフレクション（振り返る力）」「エンジョイメント（やりがいを感じる力）」「思い」「つながり」から成る「経験から学ぶ力」が必要になる

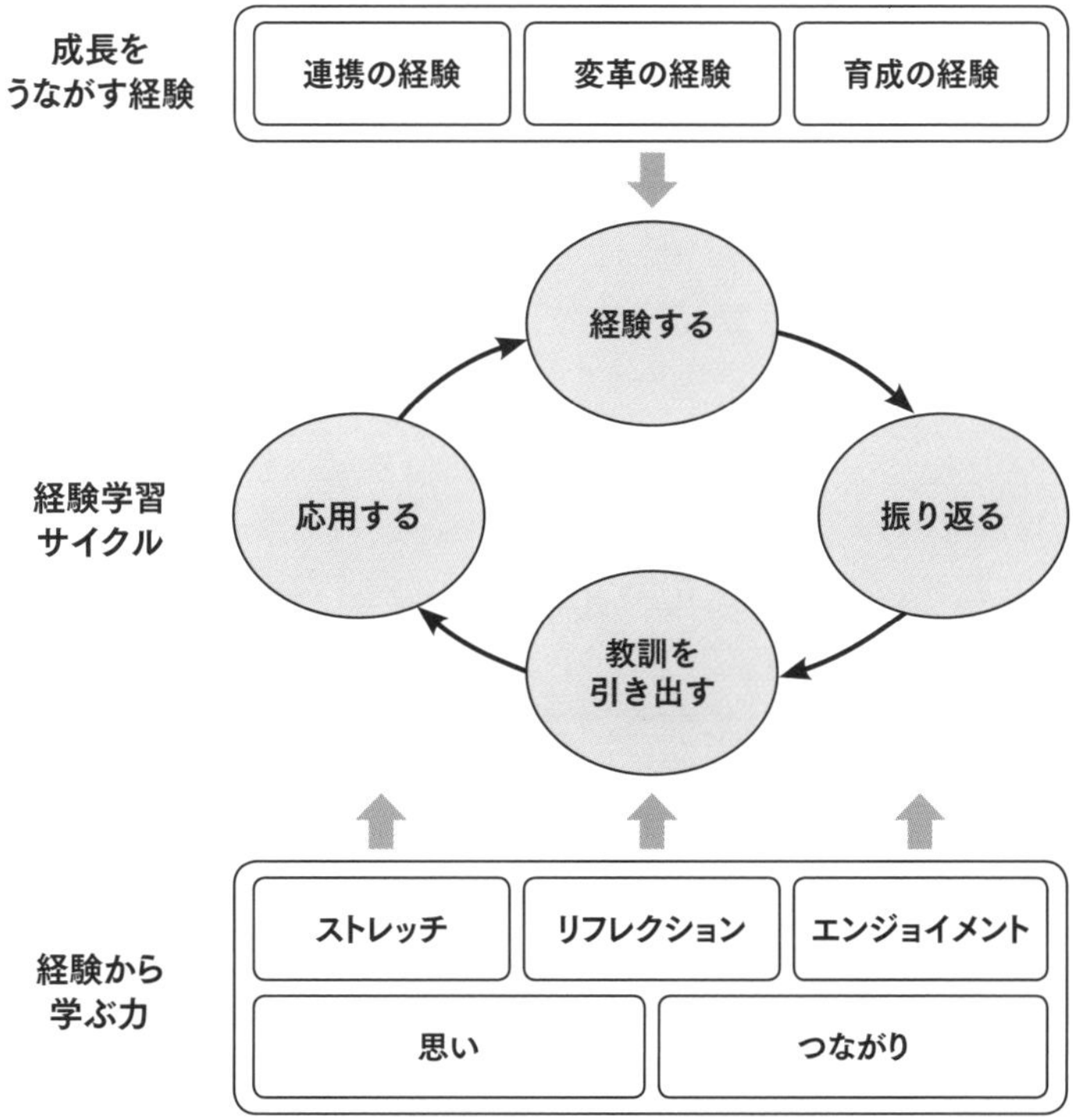

第2章

育て上手のマネジャー vs 平均的マネジャー

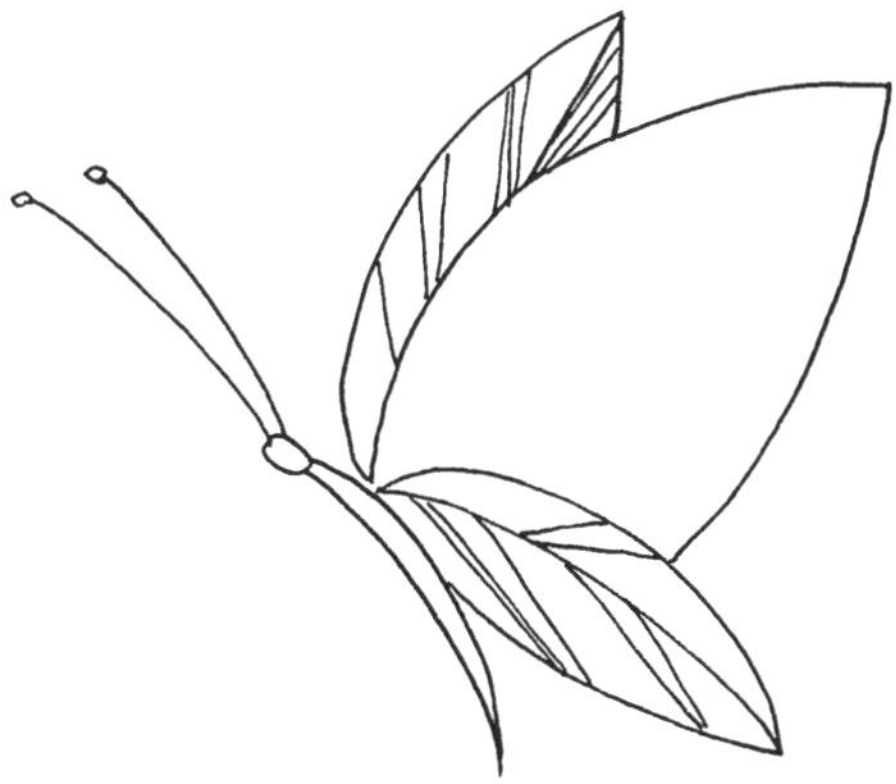

Leadership for Experiential Learning

本章以降、育て上手のマネジャーがいかに部下を指導しているかを見ていきます。まず、育て上手のマネジャーと平均的マネジャーの違いを理解していただくために、2人の課長の事例を紹介しましょう。

自動車部品メーカーに勤務する育田課長と平田課長は同期入社です。地方の国立大学を卒業後、営業部門に配属となった2人は、海外の販売会社への出向を経て、40歳を超えた時期に課長に昇格したという点も似ています。

営業担当者としては優れた業績を上げてきた2人ですが、課長昇格後には、明らかな差がついてしまいました。平均的な業績の平田課長に対して、育田課長は極めて高い業績を上げているのです。

さらに、この会社では360度評価を導入していますが、部下からの評価も、育田課長がトップクラスであるのに対し、平田課長の評価は中レベルです。両者の違いはどこにあるのでしょうか?

平田課長には6名の部下がいますが、部下が抱える弱みや課題を把握し、何とか弱みを克服させてあげたいと考えています。

社内における彼の堅実な仕事ぶりには定評があります。例えば、仕事を任せる際には、会社全体の視点から、「これはうちの戦略製品だから力を入れてください」「この取り組みは全社変革の一環だから、成果を上げましょう」というように、各仕事の重要性を伝えることを忘れません。

また、業務を遂行している途中で問題が発生したり、部下が失敗したときには、その原因について一緒に振り返っています。

部内ミーティングは、平田課長が仕切り、自身の豊富な経験をもとにアドバイスをすることで、各メンバーの問題を解決しています。

さらに、業務の節目の面接では、同じ失敗をしないように部下と議論を重ね、弱点を克服するように励ましています。

一方、となりの部門で働く育田課長は、部下5名の強みやポテンシャルを書き出して、各自の強みが生かされる業務を任せています。力量に劣る部下もいますが、その人ならではの個性を認め、「君の○○力を伸ばせばいい」と期待の言葉をかけるのが彼のスタイルです。

部下に業務を任せるときには、組織的な重要性とともに、本人の成長との関係性も説明します。

例えば、「君は3年後に○○部門への異動を希望しているけど、今取り組んでいる仕事は、あの部門が重視する交渉力を磨くのにもってこいだよ」と成長ゴールを示し、仕事を意味づけるように心がけているのです。

また、業務の進捗確認の際には、問題や失敗だけでなく「〇〇の力がついたね」「この案件はなぜ成功したのかな?」と成功についても振り返り、さらに良い成果を上げる方策を検討させています。

ときに、あえて失敗させることで「どうしたら成功できるか」を考えさせ、部下の持っているポテンシャルを引き出すこともあります。

なお、部内ミーティングでは、30代の中堅スタッフに司会を任せ、自身の発言は最小限に控え、何でも言える「ワイガヤ」の雰囲気をつくることも育田課長の特徴です。

さらに、皆で部門のビジョンをつくり浸透させることで、メンバーの行動を適切に方向づけています。


平田課長と育田課長のマネジメントの違いはどこにあるのでしょうか。平田課長の指導は決して悪いものではなく、むしろ頑張っているほうだといえます。しかし、彼の指導では、部下を大きく成長させることはできません。

事例の傍線部を中心に比較することで、両者の違いを見ていきましょう。

平田課長　部下が抱える弱みや課題を把握し、何とか弱みを克服させてあげたいと考えています。

育田課長　部下5名の強みやポテンシャルを書き出して、各自の強みが生かされる業務を任せています。力量に劣る部下もいますが、その人ならではの個性を認め、「君の○○力を伸ばせばいい」と期待の言葉をかけるのが彼のスタイルです。

これを見てもわかるように、両マネジャーの違いは「視点」の違いです。部下の「弱み」が気になり、何とか克服させたいと思っている平田課長に対し、育田課長は「強み」や「個性」に注目しています。平田課長が、弱み中心のアプローチであるのに対し、育田課長は、強み中心のアプローチを採用しているのです。

同じエネルギーを使うのであれば、弱みを克服するより強みを伸ばしたほうが、コストパフォーマンスが高くなります。

次に、仕事の任せ方を見てみましょう。

平田課長　仕事を任せる際には、会社全体の視点から、「これはうちの戦略製品だから力を入れてください」「この取り組みは全社変革の一環だから、成果を上げましょう」というように、各仕事の重要性を伝えることを忘れません。

育田課長　部下に業務を任せるときには、組織的な重要性とともに、本人の成長との関係性も説明します。例えば、「君は3年後に○○部門への異動を希望しているけど、今取り組んでいる仕事は、あの部門が重視する交渉力を磨くのにもってこいだよ」と成長ゴールを示し、仕事を意味づけるように心がけているのです。

仕事を任せることを「ジョブ・アサインメント」と呼びますが、このときに大切なことがアサインする仕事の意味づけです。

平田課長が会社視点からの意味づけであるのに対し、育田課長は、会社視点だけでなく、部下本人の成長にとってプラスになることを明確に伝えています。

モチベーションの期待理論によれば、ある行為をすることで、自分が得するという期待が高く、自分の力でそれができそうだと思うほど、その行為に対するモチベーションは高くなります[34]。

育田課長は、シンプルにこの原理を活用し、部下のモチベーションを上げているのです。

さて、これまでは業務開始前の指導でしたが、次に、業務遂行中のマネジメントを見てみましょう。

平田課長　業務を遂行している途中で問題が発生したり、部下が失敗したときには、その原因について一緒に振り返っています。さらに、業務の節目の面接では、同じ失敗をしないように部下と議論を重ね、弱点を克服するように励ましています。

育田課長　業務の進捗確認の際には、問題や失敗だけでなく「○○の力がついたね」「この案件はなぜ成功したのかな?」と成功についても振り返り、さらに良い成果を上げる方策を検討させています。ときに、あえて失敗させることで「どうしたら成功できるか」を考えさせ、部下の持っているポテンシャルを引き出すこともあります。

平田課長のように、問題や失敗の原因を探り、解決策を探ることも重要ですが、それだけだと部下が萎縮し、自信喪失する結果に終わってしまうこともあります。

そこで必要なのが、育田課長が行っているような「成功や上手くいったことの振り返り」です。こうした振り返りは、成功の再現性を高め、さらにレベルの高い成功のために必要となります。

さらに育田課長は、失敗を通して成功のカギを探らせ、部下の強みを引き出すことも忘れていません。

最後に、職場の運営方法を見てみましょう。

平田課長　部内ミーティングは、平田課長が仕切り、自身の豊富な経験をもとにアドバイスをすることで、各メンバーの問題を解決しています。

育田課長　部内ミーティングでは、30代の中堅スタッフに司会を任せ、自身の発言は最小限に控え、何でも言える「ワイガヤ」の雰囲気をつくることも育田課長の特徴です。さらに、皆で部門のビジョンをつくり浸透させることで、メンバーの行動を適切に方向づけています。

図表2-1：指導方法の違い

	業務のアサイン時		業務遂行中・節目	
育て上手のマネジャー	**強みを探り成長ゴールで** 仕事を意味づける	**失敗**だけでなく**成功も振り返らせ強みを引き出す**	**中堅社員と連携**しながら**思いを共有**する
平均的マネジャー	**弱みの克服**に重点を置き**組織目線で**仕事を意味づける	**問題や失敗**のみを振り返らせ**弱みを克服**させている	マネジャーが**すべてを仕切る**

平田課長が実施している「マネジャーが前面に出るミーティング」は、一見効率的のように見えますが、マネジャーに正解を教えてもらう受け身の場になりがちです。

これに対し、育田課長は、頼りになる中堅社員に仕切りを任せ、自分は一歩引くことで、メンバーが自由に意見を出せる雰囲気を意図的につくっています。

さらに、皆でビジョンをつくることで、思いを共有し、メンバーの行動を適切な方向に導いています。

こうした工夫によって、育田課長は、若手や中堅社員が「育ちやすい環境」をつくっているのです。

育て上手と平均的マネジャーの差

平田課長と育田課長のマネジメントを比較したものが図表2－1です。

何度も言いますが、平均的マネジャーである平田課長のマネジメントは「悪い例」ではありません。むしろ、組織的に仕事を意味づけ、問題や失敗を振り返り、率先垂範してミーティングを仕切り、部下の弱みを克服させるというアプローチは「マネジメントの基本」といえるかもしれません。

しかし、こうした方法だけでは、平均的な業績からは抜け出すことはできず、ましてや、部下育成の面では限界があります。

部下の成長を支えるためには、もうワンランク上のマネジメントが必要になります。

そこで必要なのは、育田課長が実践している、次のような育成方法です。

①強みを探り、成長ゴールで仕事を意味づけ
②失敗だけでなく成功も振り返らせ、強みを引き出し
③中堅社員と連携しながら、思いを共有する

平田課長の指導方法が、自分のマネジメントに近いことに気づいた方は、育田課長のアプローチにチャレンジしてみてください。

育て上手の指導法と経験学習サイクル

ここで、育て上手のマネジャーの指導が、経験学習をどのようにうながしているかを説明しておきます。

図表2－2に示したように、育て上手のマネジャーは、部下が経験する際に、成長ゴールによって仕

図表2-2:経験学習リーダーシップ

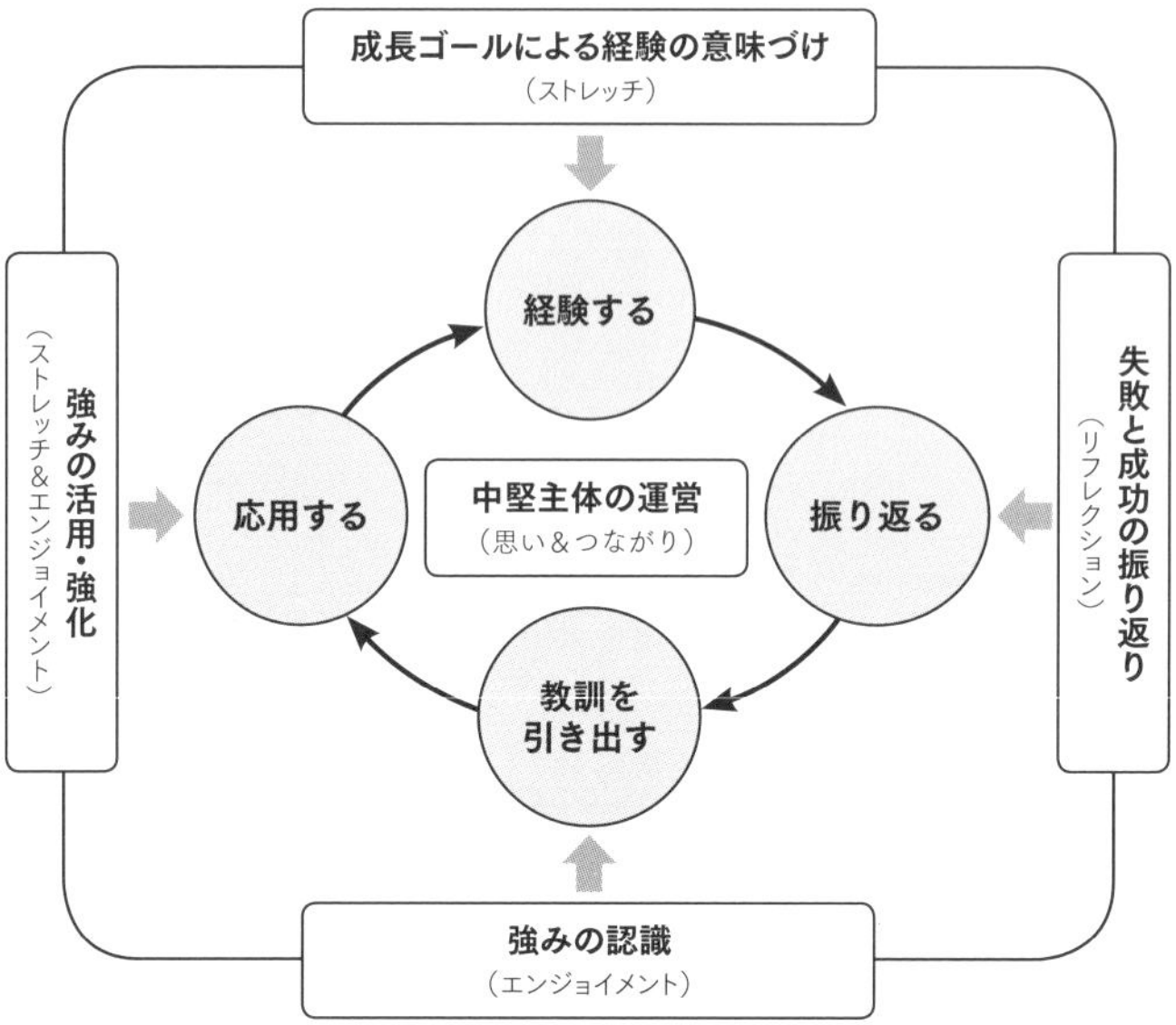

事を意味づける形でポジティブにストレッチしています。

そして、失敗経験だけでなく成功経験も振り返らせることで、バランスのとれたリフレクションを支援しています。

このような振り返りの中で、部下の「強みを認識」させることでエンジョイメントにつなげ、新たな状況において、その「強みを活用・強化」させることで「エンジョイメント」をともなう「ストレッチ」を実現しています。

さらに、育て上手のマネジャーは、中堅社員と連携しながら「思い」を共有することで、メンバー間の「つながり」を強化し、上司に依存するのではなく、部下が主体的に働く環境をつくっています。

このように、職場の環境を整えた上で、職場メンバーの経験学習をうながす指導を、本書では「経験学習リーダーシップ」と呼びます。

第3章〜第7章の内容

本章では、育て上手の指導方法のエッセンスを紹介しましたが、より詳しい指導のあり方や事例は、3章から5章にかけて解説します。具体的には次の通りです。

・強みを探り、成長ゴールで仕事を意味づける（3章）
・失敗だけでなく成功も振り返らせ、強みを引き出す（4章）
・中堅社員と連携しながら、思いを共有する（5章）

本書では、こうした指導法に加えて、次の2つの補完的スキルについても解説します。

・成長をうながす仕事の創り方（6章）
・成長をうながすリフレクション支援（7章）

以上の内容をまとめると、**図表2-3**のようになります。

次章以降では、これらの点について詳細に検討します。

図表2-3：育て上手のマネジャーの指導方法

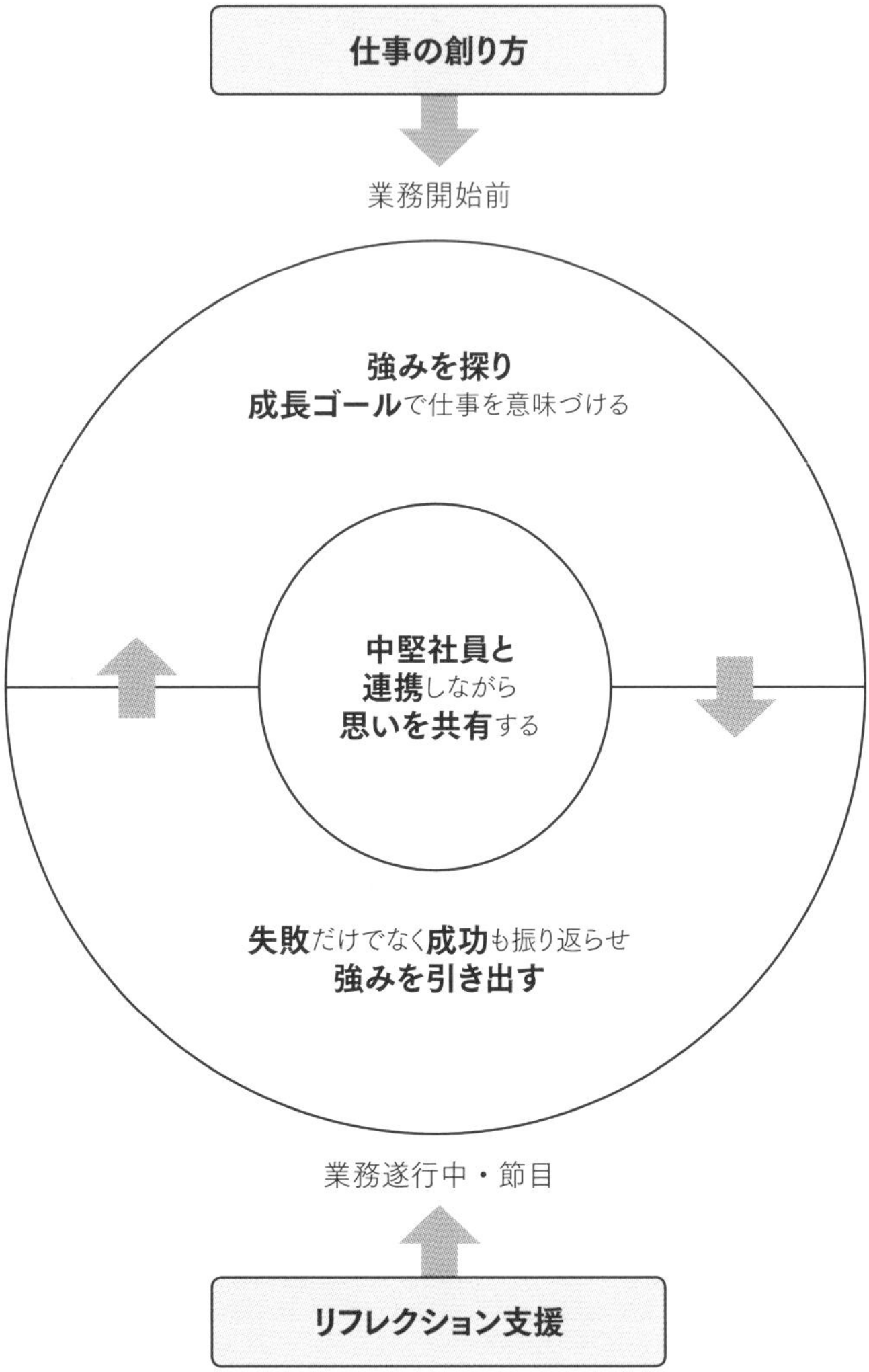
仕事の創り方
業務開始前
強みを探り
成長ゴールで仕事を意味づける
中堅社員と
連携しながら
思いを共有する
失敗だけでなく成功も振り返らせ
強みを引き出す
業務遂行中・節目
リフレクション支援

第2章のまとめ

本章では、育て上手のマネジャーと平均的マネジャーの指導方法の違いについて検討しました。それぞれの特徴は以下の通りです。

育て上手のマネジャーの指導法

- □ 強みを探り、成長ゴールで仕事を意味づけている
- □ 失敗だけでなく成功も振り返らせ、強みを引き出している
- □ 中堅社員と連携しながら、思いを共有している

平均的マネジャーの指導法

- □ 弱みの克服に重点を置き、組織目線で仕事を意味づけている
- □ 問題や失敗のみを振り返らせ、弱みを克服させている
- □ マネジャーが中心となって職場を仕切っている

第3章

育て上手の指導法1

強みを探り、成長ゴールで仕事を意味づける

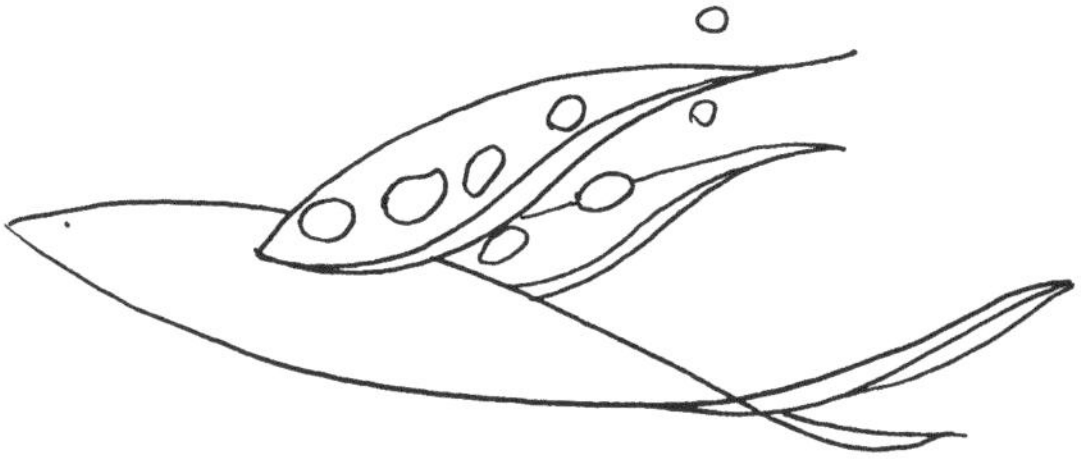

Leadership for Experiential Learning

図表3-1：育て上手の指導モデル（その1）

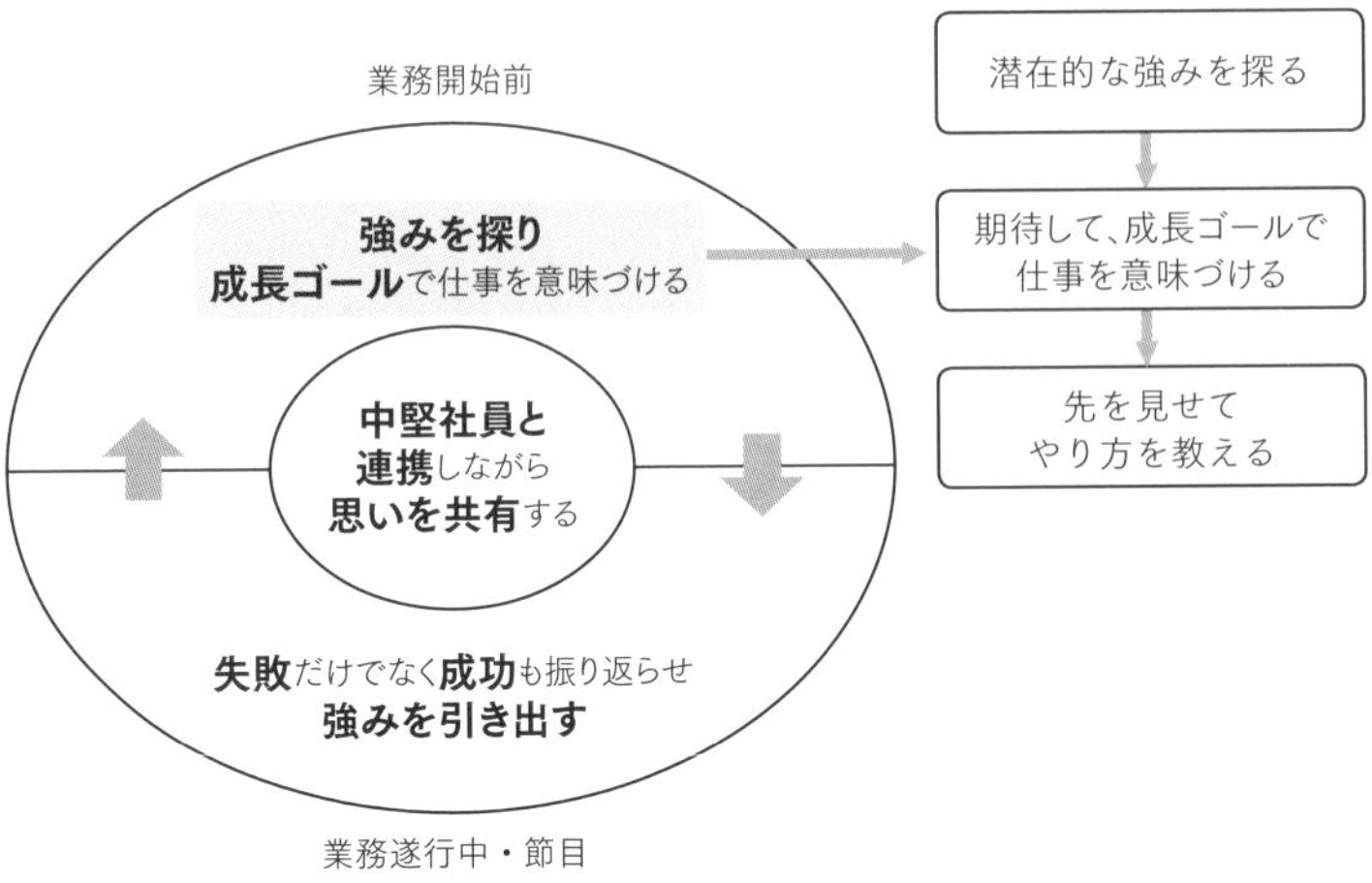
業務開始前
強みを探り
成長ゴールで仕事を意味づける
中堅社員と
連携しながら
思いを共有する
失敗だけでなく成功も振り返らせ
強みを引き出す
業務遂行中・節目
潜在的な強みを探る
期待して、成長ゴールで
仕事を意味づける
先を見せて
やり方を教える

育て上手のマネジャーは、①強みを探り、成長ゴールで仕事を意味づけ、②失敗だけでなく成功も振り返らせ、強みを引き出し、③中堅社員と連携しながら、思いを共有していました。

本章では、第1ステップである「強みを探り、成長ゴールで仕事を意味づける」指導に焦点を当てて、より詳細な内容を検討します。

何事も初めが肝心です。

育て上手のマネジャーは、**仕事を開始する前に入念に準備しています。**

具体的には、プロジェクト、タスク、業務を任せる際に、マネジャーは次の3点を重視していることがわかりました（図表3－1）。

①潜在的な強みを探り
②期待して、成長ゴールで仕事を意味づけ
③先を見せて、やり方を教える

すなわち、①部下の中に眠っている潜在的な強みやポテンシャルを探り、②期待を込めて、部下のキャリアや特性に合った「成長ゴール（伸ばすべきスキル目標）」を設定して仕事を意味づけ、③「この先、何が起こるのか」「どのような方法で仕事を進めるか」についてアドバイスをする、という指導方法です。経験から学ぶ力の観点からすると、「ストレッチ（挑戦する力）」の中に「エンジョイメント（やりがいを感じる力）」を組み込んでいるアプローチだといえます。

それでは、これら3つの指導方法について詳しく見ていきます。

1 潜在的な強みを探る

目に見える強みと見えない強み

部下のポテンシャルや強みを把握することは簡単ではありません。このときに必要なことは、部下の強みを「探る」ことです。

強み中心のアプローチ研究では、図表3－2に示したように、目に見える「顕在的な強み（実現された強み）」と、個人の中に眠っている「潜在的な強み（実現していない強み）」を区別しています。[35]

ベストセラー『ストレングス・ファインダー2・0』の著者トム・ラスは、潜在的な強みを「才能

図表3-2:「見える強み」と「潜在的な強み」

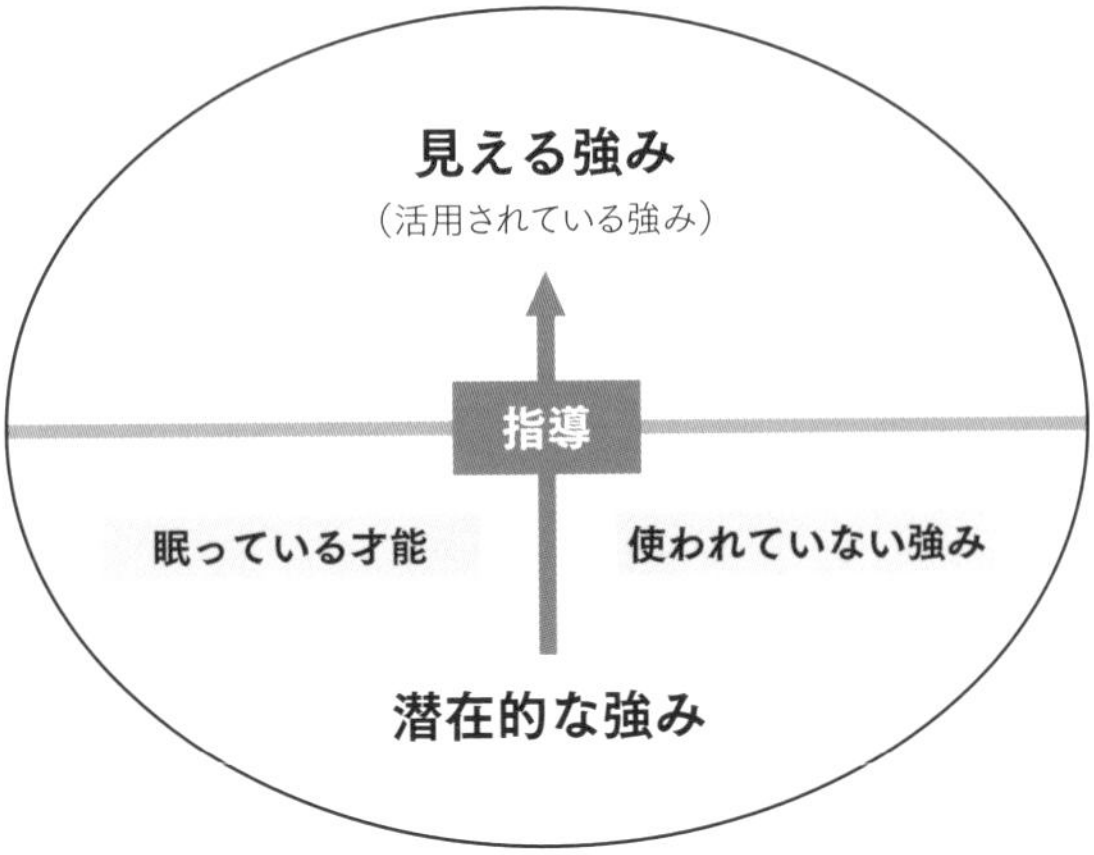

(talent)」と呼び、この才能を開花させて、強みを顕在化させるためには、何らかの指導・訓練（投資）が必要になると述べています。[36]その役割の一部を担っているのが、上司です。

育て上手のマネジャーの多くは、たとえ問題を抱える部下であっても、それぞれの「強み」「個性」「ポテンシャル」を探していました。

飲料メーカー人事部のマネジャーは次のように語っています。

「『美点凝視』という言葉がありますね。出来の悪い部下であっても、その人の美点や強みを本気で探すと見えてくるものです。それを言葉で伝えて、美点が生きてくる仕事を任せると部下は成長します」

「私の部下には強みが見当たりません」と言うマネジャーは「美点凝視」していない可能性があります。弱点や問題点は置いておいて、まず良い面、優れている面、普通よりも少しできることを発見するために、部下の行動を凝視することが重要になります。

この点について、小売店舗のマネジャーは次のようにコメントしています。

「仕事ができない場合でも『店内放送をさせてみたら上手だった』という人間もいます。その人にしかできない何かを見つけてあげて、それを生かせる仕事を任せるようにしています」

『はじめての課長の教科書』（ディスカヴァー・トゥエンティワン）の著者、酒井穣氏も、次のように述べています。

「誰でも、常にその人が持っている能力を最大限に発揮しているわけではありません。逆に言うなら、ほんの少しでも部下の中に眠っている本来の力を解放してやることができれば、部署の業績を上げることができるはずです」[37]

隠れている強みを探る

強みは水面下に隠れている場合もあります。隠れている強みを見つける方法の1つが、まず何かの仕事を任せてみて、その様子を見るというやり方です。住宅設備機器メーカー営業企画部のマネジャーは次のようなエピソードを語ってくれました。

「営業部門で働いていた53歳の方が、病気で1年間休職後に営業企画部に異動してきました。柔らかい人柄で温厚なタイプです。それまで分析系の仕事はしたことがなかったようでしたが、新しい業務でも素直に吸収してくれそうな印象を受けました。

まずエクセルを使った簡単な分析作業をお願いして『この調子だったらできそうだな』と感じたので、もう少し高度な『営業情報を整理・分析して営業担当者にフィードバックする仕事』を任せることにしました。『うちの部署でパソコン・スキルを身につけておくと、あとあと会社でも重宝されますよ』と動機づけたところ、やる気を見せました。

初めは不安そうでしたが、手本を見せながら教えて励ましたところ、自分でもエクセルの検定を取得し、周囲のメンバーに教えてあげられるまでになりました。『できるようになりましたね』『すごいですね』と声をかけて、部内で『分析スキルの習得プロセスを共有するプロジェクト』を立ち上げ、そのリーダーを任せています」

このように「試しに任せて、その様子を見る」ことで、眠っていた強みや素養が引き出され、開発されることもあります。

次に紹介する、事務機器メーカー技術部のマネジャーは、ワン・オン・ワン・ミーティング（1対1の面談）の場を活用し、雑談を通して部下の強みを見つけていました。

「私は部下と週に1回、30分ほどワン・オン・ワン・ミーティングをしていますが、雑談を重視しています。なぜなら、雑談の中に、その人の強みが見えることが多いからです。

例えば、40代後半の女性の部下がいますが、彼女にはスペシャリスト的な仕事を任せていました。小学生の子どもがいるお母さんなので、午前9時から午後6時までしか働けません。ミーティングで雑談をしていたら、地域の子ども会の会長を任されたこと、前任者から引き継ぎをしていること、現在は子ども会の問題解決をしているという話を聞きました。

その内容を会社に置き換えてみると、かなり高度なことをしているのです。それまで、彼女にそのようなことができるとは思っていなかったので、若手の育成やスケジュール管理を任せることにしました。ただし、働ける時間が限定されているので、まずは彼女の業務を改善し、効率化して時間を確保し、新規業務に取り組める環境をつくってから仕事を任せました。

その後、彼女は『今の仕事は若い人に任せて、新しいことをやりたい』と、自分で工数管理をして時間を捻出するようになりました」

この事例では、部下がもともと持っていた能力が隠れていたことがわかります。図表3－2における「使われていない強み」です。そうした強みが、部下との雑談を通して明らかになったのです。プライベートの生活の中に、個人の強みが表れやすいといえるでしょう。

なお、一見して、特に強みが見られない部下に対しては、どのように対応すればよいのでしょうか。自動車関連会社・技術部のマネジャーは次のように語っています。

「定年間近の58～59歳の部下がいました。これといって目立った強みがあるわけではなかったので、『若手の教育係になってください』と頼み、自分の経験や知識を若手に教えてもらいました。そのとき、ノウハウが残るように紙に落としてもらい、マニュアルもつくってもらいました。プロジェクトでも、若手の指南役になってもらったところ、意外と教えるのが上手く、彼のモチベーションが上がりましたね。特別なスキルがない人でも、基礎的な知識・スキルであれば、教育係ができるはずです」

このように、平均的、標準的な仕事ができれば、その能力も1つの「強み」となることがわかります。本事例のように、任せてみたら「意外と教えるのが上手かった」ということもあるかもしれません。ただし、中途採用の社員や異動してきたばかりの社員に関しては、どのような能力を持っているかがわからない状況が多いのも事実です。

そんなときには、過去にどのような業務を経験し、いかなる知識・スキルを獲得したかについて、時系列でまとめた「仕事経験レビュー」を書いてもらえば、その人が持っている強みのヒントが得られるはずです。

強みのレベルとタイプ

部下や後輩の強みを見極める際、「どこを見ていいかわからない」という人もいるでしょう。何らか

図表3-3：強みのレベルとタイプ

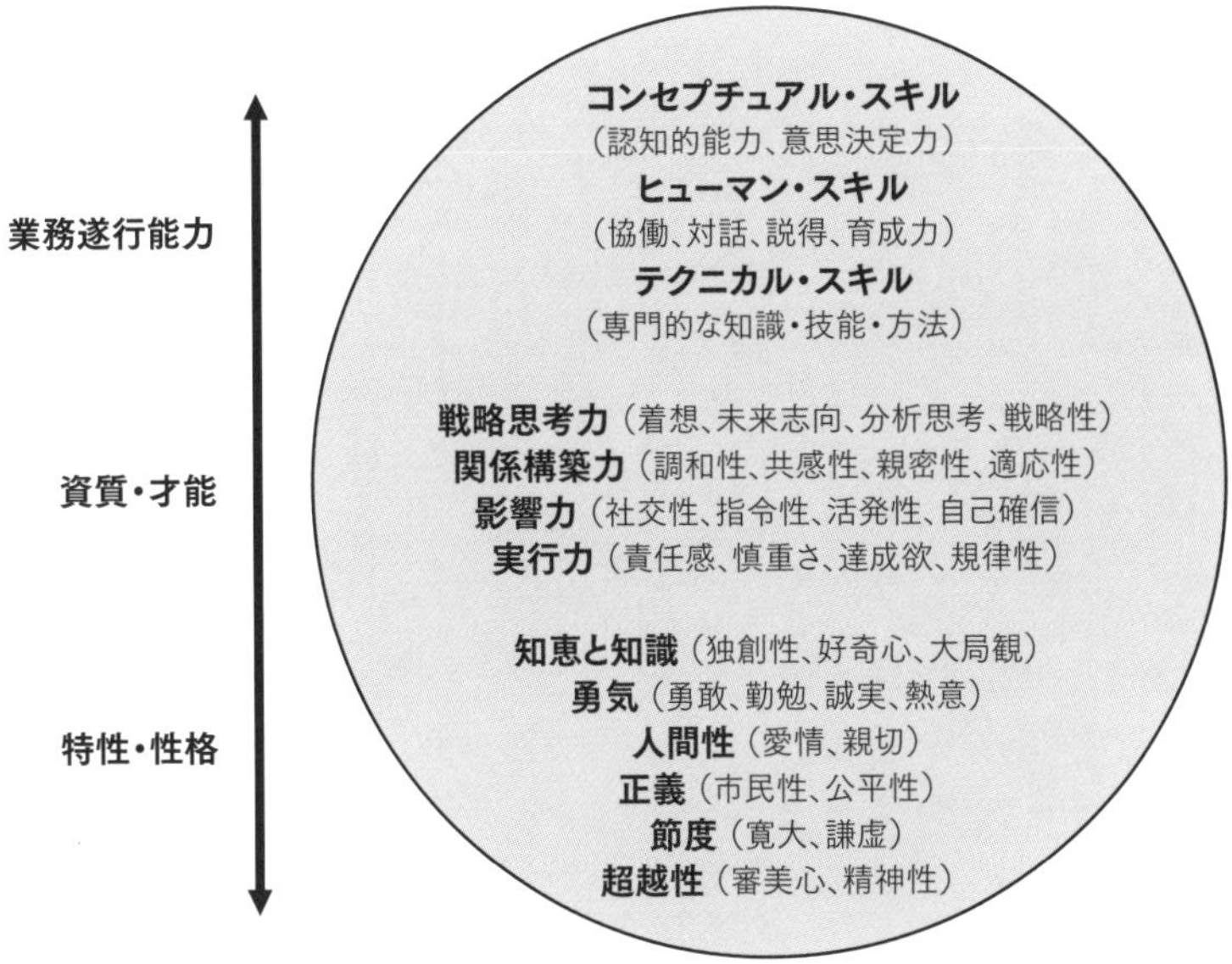

出所：業務遂行能力（上段）は、カッツやマンフォードのスキル研究、資質・才能（中段）はストレングス・ファインダー、特性・性格（下段）はセリグマンとピーターソンらによるポジティブ心理学の研究に基づくものです。詳しくは「付録A　強みのリスト」をご参照ください

のリストがあったほうが、強みを見つけやすいこともたしかです。

図表3−3は、これまでの研究に基づいて、強みのレベルとタイプを整理したものです（詳しい内容を知りたい方は、「付録A　強みのリスト」をお読みください）。

上段にある強みは、「業務を遂行する能力」に関係するものであり、情報を収集・分析したり、意思決定する「コンセプチュアル・スキル」、コミュニケーションや育成に関する「ヒューマン・スキル」、専門的な知識や技能に関する「テクニカル・スキル」の3タイプに分かれます。

中段にある強みは、「資質や才能」に関するもので、業務遂行能力の基盤となります。カッコ内の例を見てもわかるように、人によって異なる資質やタイプであり、これが磨かれることによって、業務遂行能力になるといえます。

例えば、戦略思考力であっても、新しい見方を提供することが得意な人もいれば（着想）、ものごとの理由や原因を考えるのが得意な人もいます（分析思考）。

上段と中段を組み合わせることで、業務上の強みを発見しやすくなります。

下段にある強みは、「特性や性格」に関するもので、個人の持つ「人間力」に当たります。図表３－３を見てもわかるように、独創性、誠実さ、親切、寛大さ、審美心など、持って生まれた性格や、家庭環境によって育まれた性質です。上段や中段の強みだけではとらえ切れない、人間の基本的性質を把握する際に役立ちます。

前節で述べたように、ここで説明した強みが、見える形で顕在化しているケースと、その人の奥底で眠っている潜在的なものであるケースがあるという点に注意しなければなりません。

部下や後輩が持つ、目に見えない強みを見極め、それを開花させるように支援することが大切になります。

ここで自動車関連メーカー・人事部のマネジャーが、図表３－３を使って、中堅の部下の強みをどのように分析しているかを見てみましょう。

「30代後半の部下は職場の中心的存在です。業務遂行能力の点から見ると、彼はメンバーへの気配りや心配りができていますし、職場を盛り上げたり、他部署に対する依頼などもしっかりやってくれているので、ヒューマン・スキルに強みがあります。

さらに、前職において生産管理の仕事をしていたことから、スケジュール管理や納期管理が得意であり、テクニカル・スキルが高いといえます。

これから伸ばしてほしい力は、戦略的にものを考えるコンセプチュアル・スキルですね。

資質・才能の面から見ると、調和性（関係構築力）、コミュニケーション（影響力）、アレンジ（実行力）が優れていますし、特性・性格の点では、好奇心、勤勉、誠実さ、謙虚さに強みがあります。

どちらかというと彼は、何かを改善する業務が得意でしたが、こうした強みをテコにして、0から1を創り出すような力を伸ばしてほしいと思います。彼には十分ポテンシャルがあります。そのために、これまでに当社の人事部で手がけたことがなかった研修プログラムを考えてもらっています」

このように、業務遂行能力、資質・才能、特性・性格の観点から、すでに表に表れている強みや、これから伸ばすべき「潜在的な強み」を把握することが大事です。

付録Aには、詳しい「強みのリスト」を載せておきました。上司が1人で判断するだけでなく、部下の自己評価と上司の評価をすり合わせたり、職場内でメンバー同士の強みを評価し合うことも有効です。

強みを探る方法

ここで部下の強みを探る方法をまとめておきます（図表3－4）。

図表3-4：強みを探る方法

情報収集	プライベートの話や雑談の中から探る
	部下の同僚、元上司、関連部門のマネジャーから情報を収集する
仕事の観察	部下の成功経験を振り返り、強みを探る
	いろいろな仕事をさせてみる
部下からの情報	部下に「仕事経験レビュー」を書かせる
	部下に「友人・家族の意見」を収集させる
強みリストの活用	強みのリスト（付録A）を用いて探る ・部下の自己評価 ・上司による評価 ・職場メンバーによる相互評価

①情報収集：第1の方法は、プライベートの話や雑談から、部下の強みを探るアプローチです。これに加えて、部下の同僚、元上司、関連部門のマネジャーから情報を収集することもおすすめします。自分には見えていないけれども、他者には見えることもあるからです。

②仕事の観察：第2に、部下の仕事ぶりを観察し、良い働きをした場面を振り返り、そこから強みを把握する方法があります。新人や異動したばかりのメンバーの場合には、いろいろな仕事を任せてみて、その働きぶりを見ましょう。

③部下からの情報：第3の方法は、部下自身からの情報収集です。すでに述べたように、仕事を通して成長した経験を振り返る「仕事経験レビュー」を書かせることも有効です。また、強み中心のアプローチで用いられる手法として、部下に対して「ご家族や友人が、あなたの強みがどこにあると思っているかを聞いてきてください」という指示を出し、その内容をもとに強みを把握する方法もあります。

④強みリストの活用：最後の方法は、付録Aに掲載している3タイプの強みリストを活用するものです。既述したように、部下による自己評価と、上司による評価をすり合わせたり、職場メンバー全員で相互にチェックすることをおすすめします。

なお、部下本人の強みと、部下の関心が一致するケースもあれば、一致しないケースもあることを認識しなければなりません。つまり、「得意だけれども、やりたくない」というケースです。

リクルート社は、Will（やりたいこと）、Must（やらなければならないこと）、Can（できること）という3つの要素からキャリアをとらえていますが[38]、育て上手のマネジャーは、部下のCanを伸ばすような指導をする傾向がありました。Can（できること）を膨らませることで、結果的にWill（やりたいこと）に近づけるというアプローチです。その際、「あなたの強み（Can）を伸ばすことで、将来、あなたのやりたいこと（Will）ができるようになるよ」というような指導をしていたのです。このようにCanから出発してWillを実現するような指導が有効だといえます。

強みを引き出す3つのアプローチ

部下や後輩の持つ顕在的・潜在的な強みがわかったとしましょう。次に必要なことは、その強みをどのように引き出したり、伸ばしたりするかという点です。

育て上手の指導方法を分析した結果、図表3－5に挙げるような3つのアプローチがありました。

図表3-5：強みを引き出す3つのアプローチ

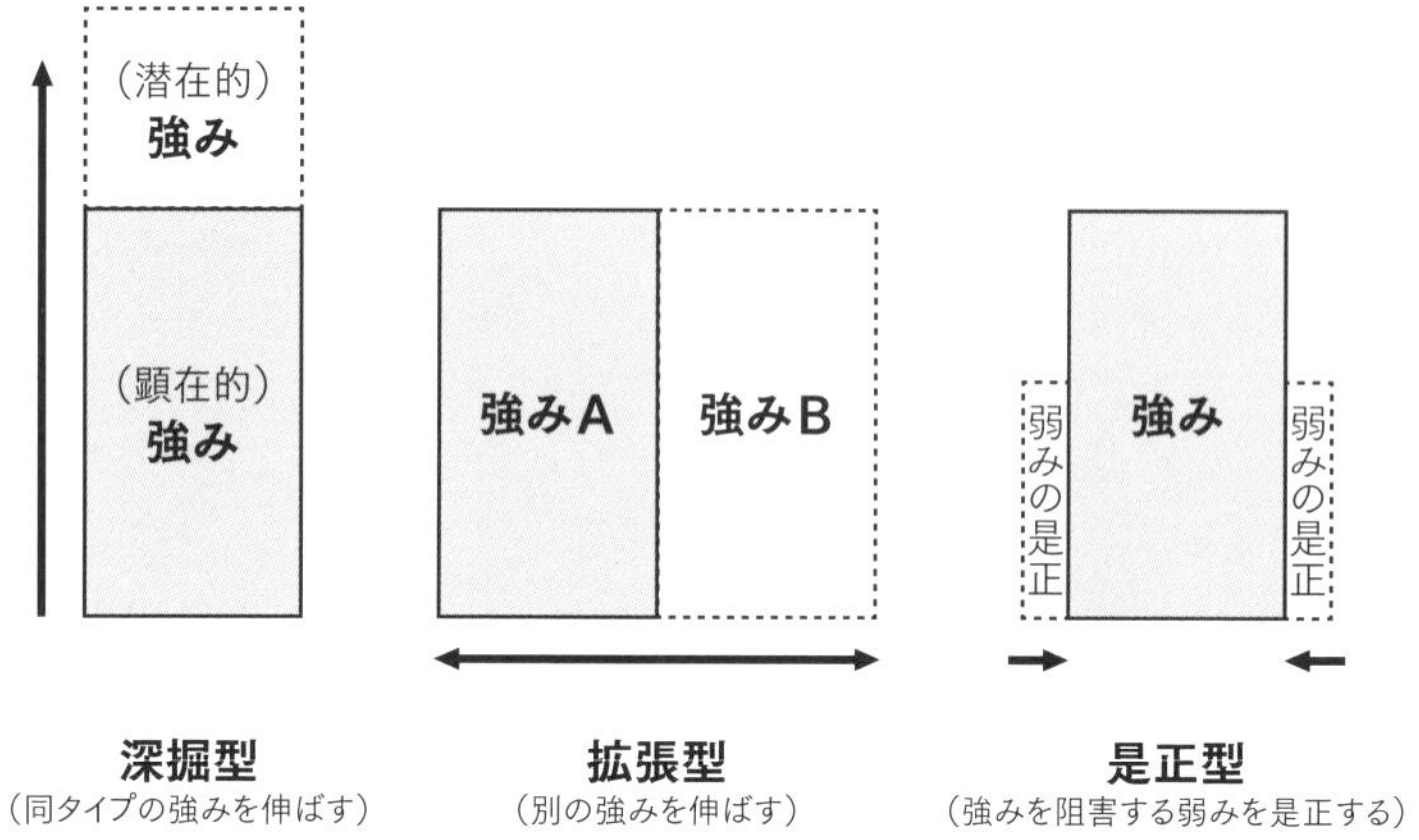

・特定のスキルや能力に絞り込み、それを徹底的に伸ばす「深掘型」
・新しい強みの軸を増やし、強みの幅を広げる「拡張型」
・強みを阻害するような致命的な弱みを是正する「是正型」

自動車関連会社・技術部のマネジャーは、強みの伸ばし方について次のようにコメントしています。

「人材には、新しいことをやりたがる人と、変わりたくない人がいます。

新しいことに挑戦するタイプの部下に対しては、その人の強みを中心に、高い目標を与えて、いろいろな仕事をさせると、それを楽しむことができます。変わりたくないタイプの部下には、仕事は広げずに、その人の強みを深める方向でストレッチしたり、効率化させるほうがモチベーションが上がります」

新しいことに挑戦する志向性があり、そのポテンシャルがある場合には「拡張型」が向いており、変わりたくない人や、特定の強みが深化する可能性が高い人は、得意なことを伸ばす「深掘型」が適しているといえます。

また、「ハラスメント」発言や、攻撃的な言動といった致命的な弱みが本人の強みを阻害する場合、その弱みを標準レベルまで是正する「是正型」のアプローチが必要になります。

それでは、あるガス会社のマネジャーのインタビューを中心に、これら3つのアプローチについて詳しく見ていきます。

拡張型アプローチ

新たな軸を増やす「拡張型」について、ガス会社・経理部のマネジャーは、次のようなケースを紹介してくれました。

「税務のスペシャリストを目指している31歳の男性の部下がいます。彼の強みは『分析力・情報把握力に優れている』点にありますが、有能であるがゆえに『自分でやったほうが早い』と考えてしまい、1人で仕事を進める傾向がありました。

面談の場では『将来スペシャリストになるにしても、1人でできることは限られているので、チームで仕事を進めるスキルは欠かせないよ』と彼に説明しました。

彼のコミュニケーション力は平均レベルにあり、もともとの強みである分析力を生かしつつ、『チームで仕事をしたり、巻き込む力』を伸ばすことが可能だと判断し、期待を込めて『税務業務チームのリーダー』に任命しました。

なお、プロジェクト開始前には『1人で仕事を抱え込まずに、なるべくメンバーを巻き込んで、業務を任せながら仕事をするように』と、役割分担やミーティングの方法についても具体的なアドバイスを与えました。

その後、メンバーの意見を聞き、ミーティングでは進捗を確認し、任せて育てながらプロジェクトを完遂することができました」


このケースでは、もともと持っていた「分析力・情報把握力」という能力に、「チーム・マネジメント力」が加わり、強みが「拡張」されています。つまり、強みの軸が増えているのです。

マネジャーが、部下のポテンシャルを探り、任せる仕事の意味を説明している点にも注目してください。

深掘型アプローチ

次に、得意分野をさらに深める「深掘型」のケースを紹介しましょう。

先ほどのガス会社経理部のマネジャーは、強みの深掘りに関して、次のような事例を紹介してくれました。

「38歳の男性の部下が、資材部から経理部に異動してきました。当初彼が期待していたよりもルーティンワークが多いため、モチベーションが下がっていたようでした。

この部下の働きぶりを見ていると、会議運営が上手く、無駄がなく、メンバー育成もできることがわかりました。

そこで、『「時短」のための業務改善プロジェクトがあるけれども、やってみる?』『あなたのマネジメント力をさらに強化できると思うけど』と声をかけたところ、『是非やりたい』という答えが返ってきました。

業務の可視化によってムリ・ムダをなくす活動なのですが、チームを上手くまとめて、意欲的に働いています」

この男性社員は、対人スキルに強みがあるといえます。観察の結果、後輩指導やミーティング運営という基本スキルを持っていたことから、業務改善プロジェクトを任せて、彼の強みを、小集団マネジメント力という中級レベルに引き上げることに成功しています。

ここで「深掘型アプローチ」を構造的に解説しておきます。

図表3-6を見てください。さきほど解説したように、ビジネスパーソンのスキルは、コンセプチュアル（概念）・スキル、ヒューマン（対人）・スキル、テクニカル（専門）・スキルに3分類することができ

図表3-6：深掘型アプローチ

スキルのレベル	概念スキル	対人スキル	専門スキル
上級	複雑な状況における**予測力**および**戦略的意思決定力**	**大規模ユニット**のマネジメント＆リーダーシップ	特定分野もしくは複数分野の**高度な**専門知識・スキル
中級	**問題発見力 原因分析力**	**小集団（チーム）**のマネジメント＆リーダーシップ	特定分野もしくは複数分野の**中程度**の専門知識・スキル
基本	**情報収集力 論理的思考力**	**1対1の対話力 後輩指導 ミーティング運営**	特定分野の**基本的**な専門知識・スキル

強みのスケールアップ

ますが[39]、それぞれのスキルにはレベルが存在します。

先ほどの中堅社員は、1対1の対話や指導等、基本的なヒューマン・スキルを持っており、それを、小集団の運営という中級レベルのヒューマン・スキルに引き上げました。

このように、深掘型アプローチでは、強みのカテゴリーを特定し、そのカテゴリー内でスケールアップする形で強みを引き上げます。

是正型アプローチ

最後に、強みを阻害するような致命的な弱みを修正する「是正型」について説明します。

ガス会社・営業部のマネジャーの声を聞いてみましょう。

「ある中堅の部下は『自分の意見をストレートに伝える発言力』を持っていますが、言い方によってはパワハラになる恐れがあります。

問題のある会話を聞いた直後に、別室で『あの言い方はないよ』『もっと建設的な議論になるような言い方をしたほうがいいよ』と、危なっかしい場合には、修正するようにしています」

この中堅社員は「発言力」という強みを持っていますが、その伝え方はハラスメント問題を引き起こす可能性があるという意味で、「致命的な弱点」です。

伝え方の問題を是正することで、本来持っている発言力を生かすことができるわけですから、「是正型」のアプローチが必要となります。

同様に、商社・営業部のマネジャーも次のようなケースを紹介してくれました。

「30代前半の男性の部下がいますが、彼の強みは『馬力』です。執着心も強く、困難をどう乗り越えるかを考える力を持っています。

しかし、一歩間違うと『傲慢』になってしまうので、『君の気持ちはわかるけど、仲間の協力を得られるようにしないとね』と伝えています」

強みも「行き過ぎる」と致命的な問題を引き起こしかねません。

次の事例は、せっかくの強みが生かされないケースです。コールセンター・事業運営部のマネジャーは、次のようなエピソードを語ってくれました。

「係長クラスのムードメーカーの部下がいます。彼の強みは、メンバーを育てる力で、思いを伝える熱量はとても強いものがあります。

しかし、大雑把に、感覚だけで教えているために、ときに空回りしている点が弱点です。そこで、『相手に伝わる共通言語を使って、ロジカルに伝えることで、より育成力が高まるよ』と指導しています」

この部下の事例は、「論理的な伝え方」に関するスキルを伸ばすことで、もともと持っている「育成力」に磨きがかかるケースです。

新たな軸をつくるまでいかなくとも、弱みを若干是正するだけで、本来の強みをさらに伸ばすことが可能になるといえます。

深掘型と拡張型の組み合わせ

深掘型と拡張型を組み合わせることも可能です。

私が某メーカーにおける管理職研修の講師をしたときのことです。研修を担当している人事部の中に、20代後半の若手社員がいました。あるリフレクション・エクササイズをしたところ、この方の強みの1つが「プレゼンテーション技術」であることがわかりました（このエクササイズについては第7章で紹介しています）。

この若手社員は「いろいろと工夫をしながらプレゼンテーション資料をつくり、わかりやすく説明して、聞いている人が満足してくれたときに、一番喜びを感じる」と説明してくれました。

そこで、彼には、パワーポイントを使ったさまざまな研修資料をつくる役割が与えられました。しかし、パワーポイント資料の作成だけでは、単なる「プレゼン屋さん」になってしまいます。そこで彼の上司は、仕事の幅を広げて、研修企画、研修の総合司会、およびそれまで外部業者に委託していた映像関係の仕事（参加者の様子をカメラで大画面に映す仕事）を任せることにしました。

つまり、もともと彼が持っていたプレゼンテーション技術という強みをスケールアップするために、「資料作成」だけでなく「企画＋司会＋映像業務」をプラスしたのです。この若手社員は、「プレゼンテーション能力の一層の向上」と「企画力やファシリテーション力のアップ」という成長ゴールを示されたことでモチベーションが上がり、その大役を見事こなして、人事担当者として大きく成長することができました。

しかし、この方法には注意も必要です。ガス会社経理部のマネジャーは、自身の失敗談を語ってくれました。

「53歳女性の部下がおりまして、基準や規則通りにきっちりと正しいことを着実に進めることができます。

それまでは単独で仕事をするスタイルが中心だったので、マネジメント力をアップしてほしいと思い、他部署を巻き込んで効率化するように指導しました。
しかし、慣れない役割に対応できず、半年経った面談で『私には無理です』と爆発してしまったのです。この経験から、自分の仕事スタイルが固定しているベテランに新しいことを求め過ぎるのは無理があったと反省しました。彼女については、専門知識やスキルを深める形で目標を設定してあげたほうがよかったと考えています。

ベテランメンバーの活用としては、その方が手掛けている業務とのつながりで挑戦してもらうとやりがいを持てると思います。ただし、変革意識を持っている人であれば50代であっても変化することは可能です」

このケースから、部下の強みとポテンシャルを見極めて、その人の成長をサポートする必要があるといえます。

コラム

成功者が「脱線」する理由

経験学習研究の第一人者であるモーガン・マッコールは、著書『ハイ・フライヤーズ（*High Flyers*）』において、脱線する経営幹部の研究を報告しています。[40]

出世街道をまっしぐらに走っていた優秀な経営幹部が、突如脱線し、解雇されてしまう原因を分析したところ、もともと持っていた強みの「影の部分」が表に出てしまい、致命的な失敗を引き起こすことがわかりました。

特に、有能なマネジャーが陥りやすいのが「傲慢」による脱線です。自分の強みを生かしながらも、傲慢さによって部下や他部門メンバーを傷つけることがないように気をつけなければなりません。

どんな強みも、弱みと表裏一体の関係にあります。例えば、次のような関係です。

(強み)チームプレイ ⬍ (弱み)優柔不断でリスクを冒さない
(強み)分析的思考 ⬍ (弱み)行動を恐れる
(強み)高潔さ ⬍ (弱み)厳格的、狂信的
(強み)実行重視 ⬍ (弱み)独裁的、むこうみず

つまり、強みを伸ばすことは大事なのですが、その際、強みには、弱みが付随していることを意識する必要があります。そして、その弱みが致命的な失敗に結びつかないように気をつけなければなりません。

しかし、弱みを克服しようとすると、強みまで消えてしまう恐れがあるので注意してください。

例えば、「実行力」がある人は、その特性を維持した上で、自分が極度に「独裁的」になり、メンバーを抑圧していないかどうかをチェックし、行動や態度を微調整する必要があります。

2 期待して、成長ゴールで仕事を意味づける

期待が成果を生む「ピグマリオン効果」

彫像に恋をしたピグマリオン王
期待が現実になることから「ピグマリオン効果」と名づけられた
（「彫刻の起源」ジャン＝バプティスト・ルニョー作）

部下の強みを探る上で求められることは、部下に期待することです。育て上手のマネジャーのほぼ全員が「部下に対して期待すること」の大切さを強調していました。

なぜ部下に期待することが大事なのでしょうか？

それは、上司の期待が部下に伝わりやすいからです。上司が高い期待を持つほど、相互のコミュニケーションが活発化し、上司への信頼が高まり、期待が内在化されて、部下の業績が向上することが報告されています。

この効果は「ピグマリオン効果」と呼ばれており、教育学の研究から発見されました。

具体的には、教師が生徒に高い期待を抱くと、実際に生徒の成績が向上することが、教育心理学者のロバート・ローゼ

ンタールとレノール・ヤコブソンの実験で示されたのです。[41]
ピグマリオンという名称は、ギリシャ神話の中で、ピグマリオン王が彫像に恋をし、生きた女性になることを願ったところ、その期待が現実になったという話からとられています。
この効果は、経営学においても検証され、上司が部下に高い期待を抱くと、その期待が部下に伝わり、業績が向上することが報告されています。[42]
ただし、注意しなければならないのは、上司の期待が自動的に部下に伝わるわけではないという点です。
上司が部下に期待することにより、上司と部下のコミュニケーションが増え、上司への信頼が高まることで、はじめて部下の行動変化が起こります。[43]
部下に期待するためには、前節で述べたように、潜在的な強みを探ることが有効です。
また、強みが見つからないときでも、何らかの強みを持っているはずだと「信じる」ことも大切になります。

部下の可能性を信じる

育て上手のマネジャーの多くは、たとえ問題を抱える部下であっても、その人の可能性を信じ「成長するはずである」と思い込もうとしていました。生命保険会社のマネジャーは次のような指導エピソードを語ってくれました。

「就業経験がない21歳の女性新入社員を受け持ったことがあります。金髪で面接を受け、敬語の使い方もわからない状態でした。当初は言われたことしかできず、給与さえもらえればいいという考え方で、指導担当社員ともコミュニケーションをとりたくないという様子なのです。

指導担当社員と話し、『この人は、頑張りたいけど、頑張る方法がわからないのだろう』と考え、『まずは成功体験を積ませる』という方針で指導することにしました。

保険の営業は3〜4回顧客を訪問して契約に至ることが多いので、初めの3か月間は、3回目、4回目の訪問に同行して『こうやって契約をとるんだよ』という方法を見せるようにしました。

最初は、商談を上司がやってみせ本人は見ている状態でしたが、徐々に、本人に任せてやらせてみました。3か月目に入ると彼女はやる気を見せ始め、成功体験を積むにしたがい指導担当社員や私に相談するようになりました。

営業部門にはいくつかの資格が設定されていますが、1年半後には、上から2番目の資格をとるまでに成長しました」

このエピソードを見るかぎり、当初は、若手社員に目立った強みは見られません。それどころか、問題点ばかりが目立ちます。それにもかかわらず、マネジャーは「やり方がわかれば成長する」という期待を持つようにしたのです。その期待が部下に伝わったことで、「自分のことを考えてくれている」と上司への信頼が高まり、モチベーションがアップしたと思われます。

育て上手のマネジャーの中には、期待を伝えることが上手な人がいます。ガス会社・製造部のマネジャーのコメントを見てみましょう。

「話をしていると『この人はこういう人かな』ということは短時間で感じます。将来をイメージしてもらうことが大事なので、例えば『当直長になってほしいんだよ』『将来は工場長になってほしいんだよ』と言葉で伝えるようにしています。

以前、同僚からそうした期待の言葉をもらったとき嬉しかったので、年代の違いにかかわらず期待の言葉をかけるようにしているんです。

言い過ぎというくらい伝えていますね。ベテランには『これはあなたにしかできないのでお願いします』『あなたが育ててください』と期待して仕事を任せます。

しかし、なかなか期待が伝わらない人がいるので、その都度、何回も同じことを言っています」

同様に、自動車関連メーカー技術部のマネジャーも、次のように述べています。

「部下に対して『成長してほしい』という期待を伝えることが大事です。例えば『あと2~3年後には係長になるが、そのためにはこの仕事ができるようになってほしい。だからこの仕事を頼んでいるんだよ』という期待を添えて仕事を任せています」

これらの事例からわかることは、期待を「言葉にして伝える」ことの重要性です。何度も口に出すことで期待が部下の中に届き、内在化され、モチベーションへと結びつくのです。

ただし、注意しなければならないことは、部下へ過剰な期待をかけてしまうことの危険性です。人材サービス会社・財務管理部のマネジャーの声を聞いてみましょう。

「部下に過剰な期待をすると、期待通りの仕事をしなかったときに、部下を責めてしまいます。そのためにも、本人の力量を考えながら、アサインする仕事のレベルを設定することです。本人の力量から考えて1~2割上のストレッチレベルであれば大丈夫でしょう。

あとは、部下を信じてあげることです。もしできなかったら自分が責任をとるという覚悟を持ち、失敗しても責めないことです。それが部下を信じている証拠ではないでしょうか。成果が上がったら『ありがとう』と言います」

部下の可能性やポテンシャルを信じることは大切ですが、その期待が現実的であるかどうかの見極めも大事になるといえます。

キャリア計画を探り、成長ゴールを設定する

部下の可能性を信じた後にすべきことは、成長ゴールを設定して、仕事を意味づけることです。

組織的な仕事の意味や重要性を説明することは大事ですが、それだけでは「組織目線の目標設定」になってしまいます。

組織目線の目標を立てると同時に「本人目線の目標設定」があることで、組織にとっても、本人にとっても意味のある仕事になります。

米国駐在が長かった自動車関連メーカー・営業部のマネジャーは、当時を次のように振り返っています。

「米国で働いていて感じたのは、キャリアプランを確認してから、そのプランと結びつけて仕事を任せることの大切さです。現地の社員は、3年先のキャリアをかなり意識しているのですが、それを無視して『いいからやれ』方式で仕事を任せると会社を辞めてしまいます。

『君は3年後にこういうポジションに就きたいと言っていたけど、そのポジションでは○○のスキルが必要になるよ。今君にやってもらっている仕事は、○○のスキルを養う絶好のチャンスなんだ』というように、任せている仕事の意味を本人の立場から明確に伝えると、しっかりと仕事をしてもらえるのです」

米国でこうした経験を積んだマネジャーは、最近の若手社員も同じような感覚を持っていることに気づきました。そこで、日本に帰って来てからも同様のマネジメントをしているといいます。コメントを見てみましょう。

「ストレッチとエンジョイメントは表裏一体です。やりがいや面白さがないと高い目標に挑戦できません。

3～5年後や管理職になったときに必要な能力や経験等、キャリアプランの中の到達点として目標を位置づけて、本気にさせています。そのために、年に2回の面談の中で、本人のキャリアプランを聞き出すようにしています。

例えば、理系出身の3年目の若手社員が技術営業を希望していて、うちに配属されてきました。この社員に対して、技術営業で必要な能力について説明し、その力をつけるように指導しています。

具体的には、『技術営業だと、技術のことだけ知っていればよいというわけではなく、次長や部長と話をするコミュニケーション力が必要になる。それを今あなたは身につけているんだ』という説明をしています。

また、『海外で働きたい』という部下に対しては、海外でどのような能力が必要になるかを説明した上で、『今の仕事で○○というスキルを獲得しておいたほうがいいよ』と目標を明確にしています」

このように、育て上手のマネジャーは、本人のキャリアゴールに結びつける形で成長ゴールを設定する傾向にありました。いくつかのケースを紹介しましょう。

損害保険会社・営業部のマネジャーは次のような事例を語ってくれました。

「33歳くらいの男性社員は、数年後に現地法人でマネジメント職に就きたいという希望を持っています。

そのためにＭＢＡ（経営管理修士号）を取るという話をしていたので、『現地法人で必要となるのは、自分で課題を見つけて、それを解決していく能力だよ。そうしたことは今の部署でもできるし、それを徹底的に実施することが現地法人に行ったときに役立つはず』ということを伝えています」

電機メーカー・商品開発部のマネジャーも、3年先を見すえた仕事を意識させる重要性を指摘しています。

「当社では、1年毎の目標管理制度がありますが、これだけではメンバーが将来を意識することができません。そこで、次のランクになったときに『どういう技術者になりたいか』について、3年ほど先を意識させるシートを作成しました。このとき、自分の強みと弱みを分析して書かせています。その内容と、現在取り組んでいる仕事を関連させながらフィードバックしています」

小売店舗のマネジャーも、部下のキャリア計画を聞いていますが、本人の希望と適性にギャップがあるケースもあると述べています。

「店舗の社員を成長させるには、将来店長になりたいのか、あるいは本部でバイヤーとして働きたいのかを聞いた上で、そのために、今店舗で何をすればいいのかをアドバイスしています。ただし、本人がやりたいことと向いていることが違う場合もあります。そんなときは、『こんな才能があったんだね』

とか『すごいね』など、向いているところをほめて伸ばすようにしています」

この事例からわかるように、部下本人のキャリアプランを絶対視するのではなく、本人の強みが生かされるプランとなるように、コミュニケーションを重ねることが大事になります。

「期待して、成長ゴールで仕事を意味づける」とき、注意すべきことがあります。

それは、上司の期待が過剰になり、上司と部下のチャレンジ度合いにギャップが生じることです。

つまり、上司から見たときには「頑張れば届く、適度な難しさ」の業務であっても、部下から見ると「どう頑張っても達成できそうもない難しい課題」あるいは「簡単過ぎる課題」と感じるケースがあります。

こうした状況を避けるためには、上司と部下で課題や成長ゴールについてよく話し合い、ギャップを小さくしなければなりません。「君は先日の案件で、○○ができたよね。であれば、この仕事にも対応できるはずだよ」「この業務の難しさは○○という点にある」というように、具体的な事例をもとに話し合い、業務や成長ゴールの挑戦度合いが「ちょうどよい」と感じられるように調整することが大切になります。

コラム

「今どこを鍛えているか」を意識する

ボディビルなどの筋力トレーニングの世界では、「今、どの筋肉を鍛えているか」を意識することで、トレーニングの効果を上げることができるといわれています。

愛知医科大学の丹羽滋郎教授と高柳富士丸教授の研究によれば、低い負荷で行うトレーニングでも、「どの筋肉を使っているか」を意識することで、高い負荷と同等の筋力増強効果が期待できるといいます。[44]

スポーツ心理学の研究においても、スポーツ選手の「意識や注意」の持ち方が技能の習得に強い影響を与えていることがわかっています。[45]

育て上手のマネジャーも、部下を指導する際に、筋力トレーニングのたとえを使って「この仕事を通して、どのような能力を身につけようとしているのかを意識しなさい」と指導している人が何名かいました。

つまり、漠然と仕事に取り組むのではなく、「この業務は他部署とのすり合わせが多いので、交渉力を高める」「このプロジェクトは市場動向に関する情報を収集して将来の予測をすることが目的だから、分析力や問題発見力を鍛えよう」と目的意識を持って仕事をすることで、学習効果を高めることができるのです。

その意味でも、業務開始前に「成長ゴール」を設定し、業務遂行中にはそのゴールを意識し、業務終了後にはどのくらい達成できたかを評価することが大切になります。

3 先を見せて、やり方を教える

先を見せるフィードフォワード

部下の強みを探り、部下に期待して、成長ゴールを設定した後に必要なことは、これからの仕事で何が起こるのか「先を見せて」「見通しをつける」ことです。育て上手のマネジャーは、今後起こるであろうことを事前に説明し、あらかじめ意識させていました。

つまり、与えられた仕事をどのように進めたらよいかわからない部下に対して、「この業務はここを乗り越えれば成功するよ」「ここに注意しなければいけないよ」と事前にアドバイスしていたのです。

出版会社・営業部のマネジャーは、次のようなエピソードを語っています。

「30代の中堅社員を集めて、雑誌の販売プロジェクトを実施したことがあります。今までにない革新的な内容だったため、書店や取次店（出版社と書店をつなぐ流通業者）から大きな反発が起こることが予想されました。

そこで、メンバーには、プロジェクト開始前に、書店や取次店のキーマンと1対1で会って、じっくりとプロジェクトの趣旨や内容について説明し、了解をとってもらいました。

なお、対面で会う際に、こちらの意向を一方的に伝えても受け入れてもらえないので、必ず相手のメリットを明確に示すように指導しました。

さらに、予想される批判内容については、メンバーと一緒にシミュレーションし、事前に対応策を考えさせました。

プロジェクトを開始すると、関係者から予想通りの批判的意見が出されましたが、しっかりと対応でき、大きな成果を収めることができました。この成功によって、メンバーたちは大きな自信がつき、現在、各部署のリーダーとして活躍しています」

この事例から、プロジェクトの成功は、事前準備によって決まることがわかります。

私は以前、プロジェクト・マネジメントに関する共同研究に参加したことがありますが、優れたプロジェクト・マネジャーは、プロジェクトの開始前に、プロジェクトのシナリオを作成し、さまざまなトラブルを予想して、その対応を準備する傾向がありました。[46] 出版会社のマネジャーも同様に、仕事の見通しをつけながら、部下を指導しているといえます。

次に紹介する化学メーカー・技術部門のマネジャーも、仕事を成功させる「ツボ」や「ポイント」を指導しています。事例を見てみましょう。

「商品開発、事業企画、製造など他の多くの機能スタッフとの協力体制が求められる、新しい材料開発を、部下に取り組ませました。

本来はマネジャークラスの業務でしたが、部下にすべてのシナリオを描かせ、必要な段取りの準備も任せました。上位者との交渉の進め方についても、相談に応じ、注意点を教えました」

このように、仕事をする前に「どこに注意すべきか」「何を重視しながら実施すべきか」を意識することを「フィードフォワード」と呼びます（コラム：フィードフォワード面談　参照）。

フィードバックが、仕事の実施後に良かった点、悪かった点についての情報を得ることであるのに対し、フィードフォワードは、実施前に、仕事を成功させるためのポイントを意識させることを意味します。

自動車販売店の店長は、営業担当者に対して、次のような指導をしています。

「商談の前に『どういう商談をするの？』、商談後に『どんな商談をした？』と問います。これは必ずやります。商談前にはロールプレイングをします。どういう作戦でいくのかを聞くと、成約するかどうかが予想できるのです。部下の年次にかかわらず行います。『ちょっと違うな』と思ったら『それで買う気になると思う？』と聞くようにしています。商談後には『何が功を奏したのか』『何が悪かったんだろう』と検証しなければなりません。やりっぱなしはダメです」

この店長は、フィードバックとフィードフォワードの両方を実施することによって、営業活動のクオリティを上げていることがわかります。

コラム

フィードフォワード面談

エイブラハム・クルーガーとディナ・ニールは、フィードフォワード面談（feedforward interview）と呼ばれるマネジメント手法を提唱しています。[47]この面談の目的は、部下が持つ強みや能力を意識させることで、ポジティブな行動変化を起こさせることにあります。

具体的には、次のようなステップで面談が進められます。

①部下の成功体験を思い出させる
②その成功の状況や条件を明らかにする
③これからの仕事の中に、その状況や条件を取り込むことをうながす

図表3-7：フィードバックとフィードフォワード

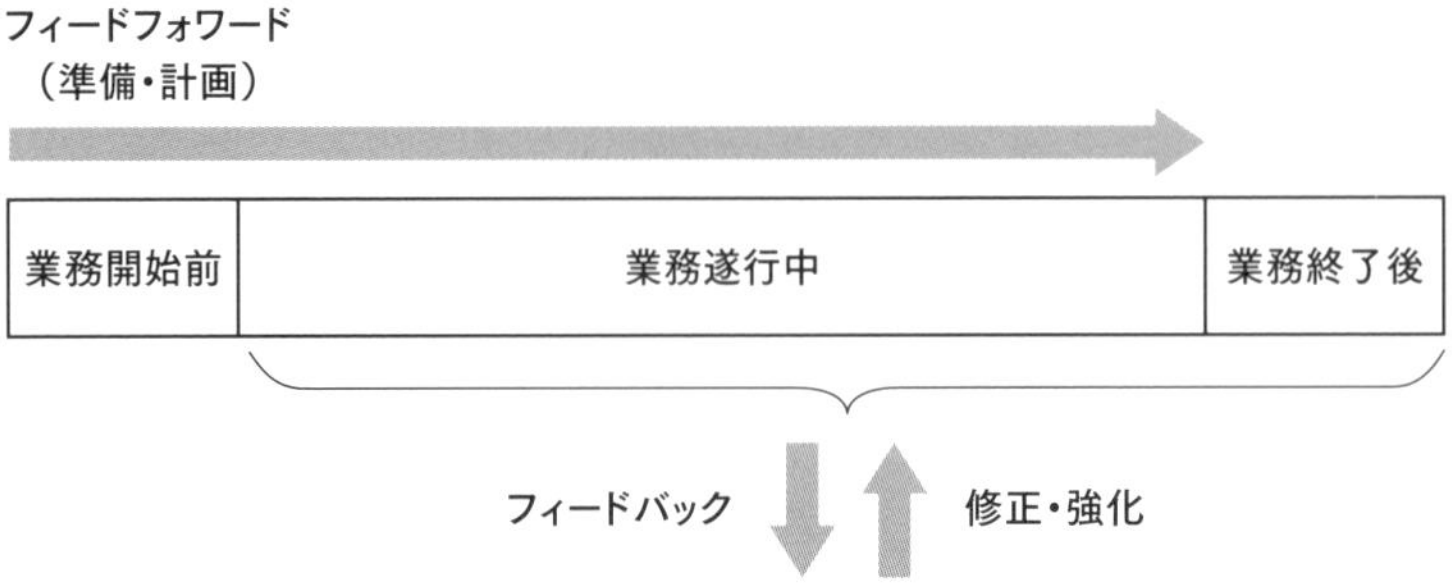

簡単にいうと、部下の成功パターンを理解させて、仕事をする上でその成功パターンが再現できるようにうながすというマネジメント手法がフィードフォワード面談なのです（図表3－7）。

例えば、営業部門のマネジャーが部下に対して、売れたときの商談を思い出させ、その商談が成功した理由や条件を考えさせ、新たな商談においてその要素を取り込むように指導するような形です。

この面談を実施すると、部下の自己効力感（やればできるという感覚）が高まることが報告されています。

また、業務開始前にフィードフォワード面談を行っておくと、業務終了後のフィードバックに対する抵抗感が弱まり、フィードバックされたアドバイスを受け入れやすくなるといわれています。

つまり、フィードフォワードとフィードバックを組み合わせることで、より部下指導の効果を上げることができるのです。

例えば、面談の前半では部下の話を聞き、中間でフィードバックし、後半でフィードフォワードを実施するという方法もあります。

フィードフォワードは、業務開始前の面談において特に重要になりますが、業務の進捗を確認する面談においても意識すべきです。

なお、フィードバックの方法については、次章において詳しく検討します。

丸投げや精神論は避け、「やり方」を教える

仕事の「見通し」をつけた後で必要となるのは、具体的な仕事の「方法」や「やり方」を教えることです。

多くのマネジャーは、「やり方は君に任せた」と丸投げしたり、「とにかくくじけずに頑張れ」といった精神論を強調しがちです。そうしたアプローチは、力量のある部下には効果的かもしれませんが、平均的な部下に対しては有効とはいえません。

大切なことは、仕事を進める上での「ツボ」や「ポイント」を教え、そのことについて深く考えさせることです。

外資系保険会社・テレマーケティング部のマネジャーによる指導例を見てみましょう。

「入社3年目の男性オペレーターの部下がいました。以前、業績が上がらずに重点指導対象に選ばれたことがありましたが、『必要ないです、自分でやります』と拒否したことがあり、数字を上げることに興味がない傾向にありました。

この若手を指導することになったのですが、最初はふてぶてしい態度でやる気が感じられませんでした。

こうした若手に『あなたは給料をもらっているでしょ』『目標がない人は会社にいられないよ』などの正論をぶつけても効果がありません。

『チャレンジしているのに数字が上がらないのは辛いね』『しんどいよねー』と共感し、『やり方が間違っていないのか一緒に考えたい』と伝えました。

このタイプの部下を指導するときには『成長意欲がないように見えるだけで、そうした習慣や方法を知らないだけだ』と思うようにしています。

指導の面談で、当社では問題点を4つ指摘することになっていますが、あえて『あなたはこの2つさえ改善すれば成果が上がる』と期待を伝えました。そうすると、素直に従うようになり、仕事の調子も上がってきました」

このマネジャーは、第1ステップである「部下に期待する」アプローチを実践するとともに、仕事の「やり方」に注目することで、問題を抱える部下を成長に導いています。

なぜ、部下の「姿勢」を問題にするのではなく、「方法」や「やり方」に着目した指導が有効なのでしょうか。それは、「姿勢」がその人の特性に結びついているために、指摘されると「自分を否定された」と感じやすいのに対し、「方法」や「やり方」はその人の特性とは結びついておらず、変えようと思えば変えられる性質のものだからです。

本来、仕事において、個人の「姿勢」は重要です。しかし、「方法」や「行動」が変わると「姿勢」が変わることもあります。個人の「行動」を修正させることで「精神的・心理的問題」を解決する手法に「行動療法」がありますが、育て上手のマネジャーは、この行動療法的なアプローチをとっているといえます。

自動車関連メーカー・技術部門のマネジャーは、仕事を任せる際のインプットの重要性について、次のように述べています。

「仕事を任せるときのインプットの質が、仕事のアウトプットの質を決めます。目指す目標値はどのレベルか、どこまで任せるか、業務を遂行する上での注意点など、しっかりとインプットすることで、アウトプットの質が高まるのです。

そのためにも、仕事のやり方を1回はしっかり教えることが大事です。

やればできるのにやらないというモチベーションに問題がある場合には、『やりなさい』と言えば越えられますが、スキルとして足りていないためにできないケースもあります。

こうした部下には、仕事の進め方を教えたり、情報提供することでサポートします。1回は手取り足取り教えることが大事で、『すべてを任せる』と止まってしまうケースが多いので注意が必要です」

このコメントにあるように、「インプットの質」を高めるためにも、「1回はしっかりと教える」ことが重要になります。

なお、仕事の進め方は教えるのではなく、「部下に考えさせるべき」と考えるマネジャーもいるはずです。しかし、一から十まで部下に考えさせる方法は効果的とはいえません。

東京大学教育学部名誉教授の市川伸一先生は、日本の学校では「教えずに考えさせる授業」が多い点を指摘し、「教えて考えさせる授業」をすべきであると提唱しています。[48] つまり、十分な説明をしないままに生徒に考えさせると、理解が進まないことが多いため、基本的なことをしっかりと教えた上で深く考えさせることが有効なのです。

部下や後輩の指導においても、「教え過ぎ」には気をつけなければなりませんが、「教えなさ過ぎ」も要注意だといえます。「教えずに考えさせる指導」ではなく、「ポイントを教えて、深く考えさせる指導」を心がけてください。

陥りやすい「落とし穴」＝「可能性のある弱み」を見逃す

ここで、多くの人が陥りやすい落とし穴を指摘しておきます。

強みには、目に見える「顕在的な強み」と、これから強みになりうる「潜在的な強み」があります。それと同時に、「弱み」にも、いくら頑張っても伸びる可能性の低い「先天的な弱み」と、訓練次第で強みに変わりうる「可能性のある弱み」があるという点を理解する必要があります（図表3－8）。

先天的な弱みとは、性格や気質に基づく能力であり、訓練によって変えることが難しいものです。

これに対し、「可能性のある弱み」とは、訓練によって改善することが可能な能力です。「可能性のあ

図表3-8:「先天的な弱み」と「可能性のある弱み」

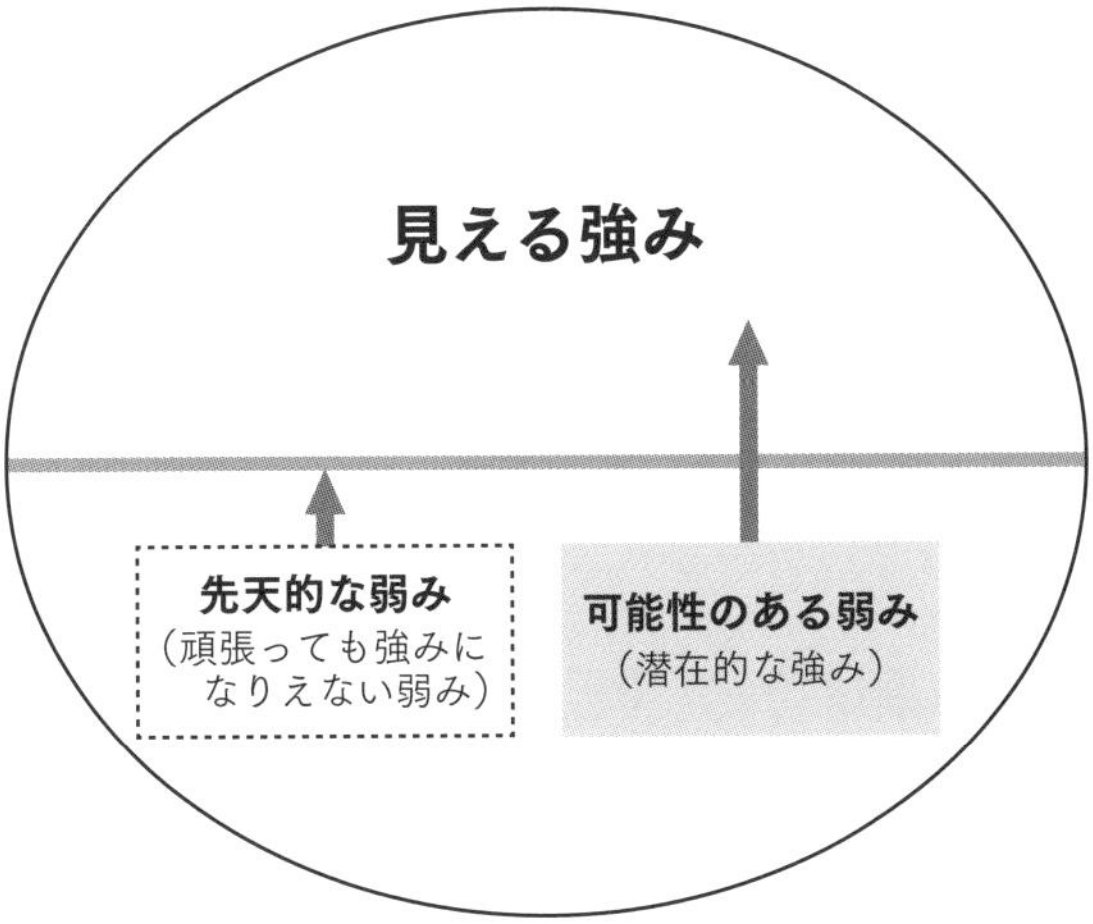

る弱み」は「潜在的な強み」と言い換えることもできます。

人材を育成する際に重要なことは、今は心もとないレベルだけれども、集中して取り組めば伸びそうな「可能性のある弱み」に焦点を当てて、それを強みに変えるような仕事を任せることです。

プレゼンテーションが得意な人事部の若手社員のケースを思い出してください。彼に任されたのは、能力的に未知数であった「研修企画」や「研修の司会」の仕事でした。普段の働きぶりから判断し「彼ならできる」と考えた上司は、思い切って大役を任せ、結果的に、眠っていた強みが引き出されました。

このケースからわかるように、「可能性のある弱み」を見極めて、「潜在的な強み」を引き出すことは、新たな強みの軸を増やす「拡張型」の指導において重要になります。

第3章のまとめ

本章では、業務が開始される前に、育て上手のマネジャーがどのような指導をしているかを見てきました。ポイントは以下の通りです。

育て上手の指導方法（業務開始前）

①部下の潜在的な強みを探っている
②期待して、成長ゴールで仕事を意味づけている
③先を見せて、やり方を教えている

強みを引き出す3つのアプローチ

①特定スキルを徹底的に伸ばす「深掘型」
②新しい軸を増やし、強みの幅を広げる「拡張型」
③致命的な弱みを是正する「是正型」

第4章

育て上手の指導法2
失敗だけでなく成功も振り返らせ、強みを引き出す

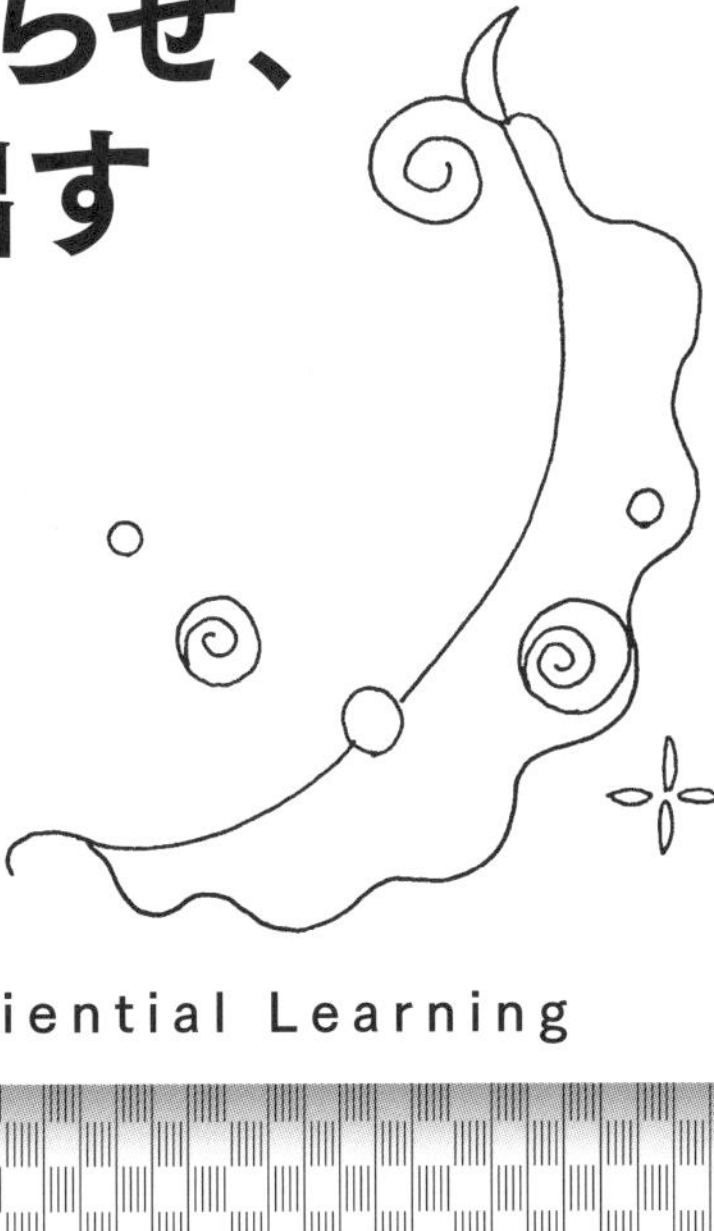

Leadership for Experiential Learning

図表4-1：育て上手の指導モデル（その2）

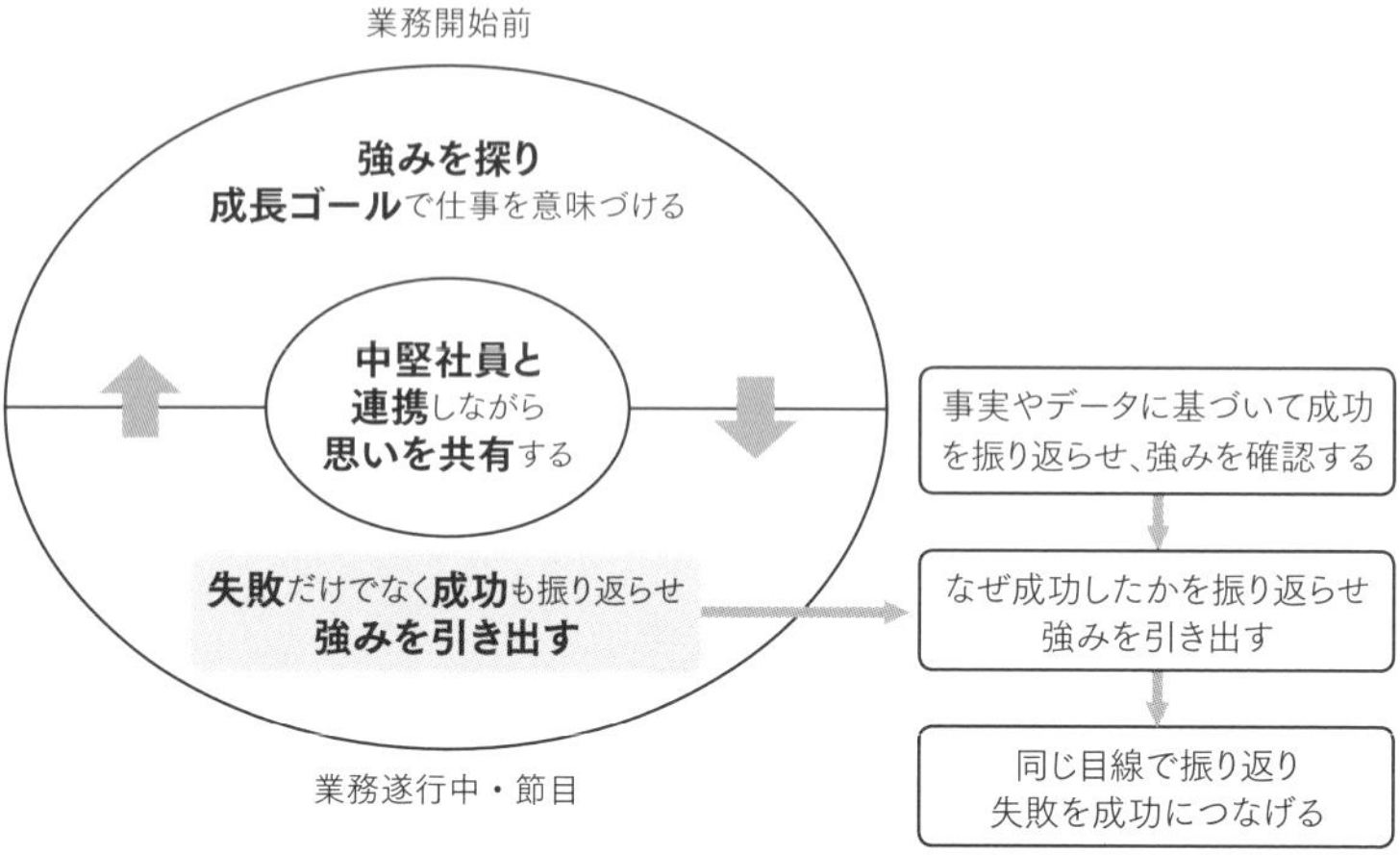
業務開始前
強みを探り
成長ゴールで仕事を意味づける
中堅社員と
連携しながら
思いを共有する
失敗だけでなく成功も振り返らせ
強みを引き出す
業務遂行中・節目
事実やデータに基づいて成功を振り返らせ、強みを確認する
なぜ成功したかを振り返らせ
強みを引き出す
同じ目線で振り返り
失敗を成功につなげる

前章では、「業務を開始する前」の指導に光を当てましたが、本章では、「業務遂行中および節目」における指導に焦点を当てます。

第1章でも見たように、経験学習のカギは**「振り返り（リフレクション）を通して、いかに学びを引き出すか」**にあります。

このとき注意すべきことは、「失敗だけでなく成功も振り返らせる」ことにあります。日本人はとかく、**問題点や失敗ばかりに目が行きがちですが、育て上手は、上手くいったことや成功も振り返らせて、部下の強みを引き出していました。**

経験から学ぶ力の観点からすると、部下のリフレクション（振り返り）をうながすことに関係しますが、その中にエンジョイメント（やりがいや意義）の要素が入っているといえます。

調査の結果、**図表4－1**に示したように、マネジャーは次の3点を重視しながら指導していることがわかりました。

①事実やデータに基づいて成功を振り返らせ、強みを確認する
②なぜ成功したかを振り返らせ、強みを引き出す
③同じ目線で振り返り、失敗を成功につなげる

すなわち、①事実やデータを記録しておき、それに基づいて部下の強みを確認し、②上手くいったことや成功したことを振り返り「なぜ上手くいったのか」「なぜ成功したのか」を考えさせ、③問題や失敗に対しては同じ目線に立って共に振り返り、次に成功できるようにサポートすることを通して潜在的な強みを引き出していました。

具体的な指導方法を見てみましょう。

1 事実やデータに基づいて成功を振り返らせ、強みを確認する

事実やデータを活用する

成功を振り返る際、多くの育て上手のマネジャーは、事実や客観的データを使用していました。

次に紹介する、商社の経営管理部マネジャーは、大手外資系コンサルティング会社から転職してきた

人ですが、そのときの経験が、成功を振り返るときに役立っているそうです。コメントを見てみましょう。

「コンサルティング会社は、同じ年齢であっても年収が数百万円も違う世界なので、説明責任が求められます。部下を評価する際には、ファクト（事実）とセットにしないと納得してもらえません。

この経験があるので、パソコンに部下のフォルダをつくり、『どういうときに、どういうアクションをとったか』についてログをとっています。

個別ミーティングでフィードバックするときには、ポジティブとネガティブのコメントが半々になるようにしています。

『ここ、できているね』という点をファクト（事実）とともに言い切ります。強みは『事実としてどうか』をウォッチしています」

このように「事実」として成功や強みを提示されたほうが、納得性が高まると同時に、「見てくれている」という気持ちになり、上司への信頼が増すといえます。また、このマネジャーが言うように、人事評価を妥当なものにするためにも役立ちます。

事務機器メーカー・技術部のマネジャーも、事実に基づいて振り返ることの重要性について、次のように語っています。

「社内に、自分で目標を設定して評価する制度があり、半年に1回、『何ができるようになったか』を書かせる欄があります。これを使って強みと成長を把握するようにしています。ただ、本人が気づいていない強みもありますので、『あなたはこういうことができるようになった』と伝えるようにしています。

その際、『強み』という言葉は使わずに、『あなたはこういうことができています』と事実を確認することのほうが伝わりやすいですね」

同様に、育て上手のマネジャーの多くは、部下の行動を記録し、面談のときに、成功や強みをフィードバックしていました。コメントを見てみましょう。

「できているスタッフにもアドバイスをしています。できている部分をフィードバックしていますが、管理表に行動を書き留めておくと、アドバイスの根拠となります」（自動車販売・店長）

「日々の働きを見ていて、評価してあげます。エクセルファイルに個人別シートをつくり、いつ何をしたのかをメモしています。本人からの報告や、部下と日々接しているリーダー級社員からの報告をもとにしています。小さいことですよ。例えば『新入社員ＯＪＴ報告会で良い意見を言っていた』『自転車置き場を増設してくれた』など」（ガス会社・製造部マネジャー）

「毎月１回、個人面談をしていますが、部下の動きを見ておいて記録しておき、面談で伝えています。

『あなたは、あのときこんなことをしてくれましたね』と具体的な事例とともにフィードバックすると、部下のモチベーションが上がります。『見ていてくれたんだ』と思うんでしょうね。ただ、いつも部下の働きを見ていなければならないので大変ですが」（人材サービス・業務部マネジャー）

このように、部下の行動を記録することで、部下をよりよく理解することができると同時に、部下との信頼関係も構築することが可能になります。

強みを把握するために必要な「観察」

一方、行動を記録したり指標を用いるだけでなく、普段の行動の中でフィードバックすることも有効です。自動車関連メーカー・製造部のマネジャーは次のように述べています。

「優秀ではない社員でもときどき良いことをしたり、言ったりします。そのときを逃さずに『待ってたよ』『いいね』『君も大人になったね』とコメントすると良い方向に向かいます。

現在は活躍していないベテラン社員もバリバリなときがあったはずです。1日に工場内のラインを5回くらい巡回していますが、そういう人がたまに良いことをすることがあります。

例えば、自分の仕事場の周りを掃除するなど。そんなときに『ありがとう』と伝えるようにしています。そうすると向こうから声をかけてくるようになり、改善策を提案するようになるんですね。現場を把握して、部下の良いところを見つけることが大事なんです」

まさに「美点凝視」の指導です。

このような「観察」の重要性について、『ヤフーの1on1』（ダイヤモンド社）の著者であるヤフー株式会社・常務執行役員の本間浩輔氏は、次のように述べています。

「部下の強みを把握する上で大切なのは『観察』です。

例えば会議において、メンバーの発言、態度、しぐさを見ていると、1人ひとりの特徴、性格、性質がわかります。

その際、自分は会議の議論には入らずに、なるべく参加者を広く見るようにしています。例えば、発言している人がいたとしたら、それを聞いている人のほうも観察したり、会議が終わったときの参加者の動きなど、全体を見ています。

そうすると、他人の話を聞ける人、場を和ませることができる人、会議が終わったときにメンバーをフォローできる人がわかります。

そうした観察に基づいて、ワン・オン・ワン・ミーティングのときに、『あなたの強みは人の話が聞けることだね』『さらに傾聴力を磨こう』とフィードバックできます。

さらに次の会議でその人の様子を観察して、傾聴できていたとしたら、会議の後に『(強みが）出たね！』とフィードバックすると、部下のモチベーションが上がりますし、成長が加速します」

このコメントにあるように、日々の業務の中で部下を観察し、気づいた強みをフィードバックし、個別面談において強みを確認するだけでなく、次の機会にその強みを活用するようにフィードフォワードすることが、部下の成長をうながすのです。

コラム

サンドイッチ話法に注意

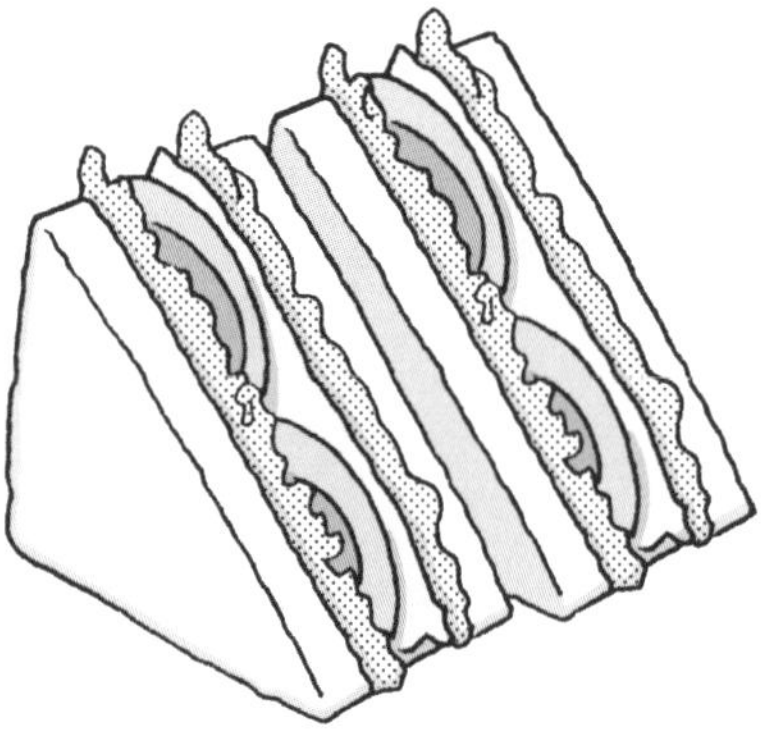

コーチング論では、「ほめる→叱る→ほめる」という順に、改善点を伝えるために前後をポジティブなコメントではさむことを「サンドイッチ話法」と呼んでいます。

しかし、この話法を使用する際には、次のような危険性に注意しなければなりません[49]。

①複数のメッセージを送るため、本当に伝えたい「改善すべき点」が伝わらないことがある
②何度も使っていると、部下は、上司からの本当のメッセージは「叱る」ことであると感じ、ほめられたときにもそれが上

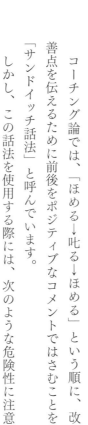

司の本心とは思わなくなる
③大げさにほめると、「実際にできていること」を部下が理解できなくなる

このように、部下の行動を改善させる「テクニック」や「操作」としてサンドイッチ話法を使うと、さまざまな問題が生じてしまうので注意が必要です。

要は、本心から部下の強みを伝えることが大事になるのです。

他者の視点を取り込む

成功を振り返る際、「マネジャーと部下」の1対1の関係だけでなく、他者の視点を入れることで、より効果が上がります。なぜなら、他者からの情報も1つの客観的な事実となるからです。

ガス会社・経理部のマネジャーのコメントを見てみましょう。


「報告書などの成果物が上がって来たときに、『いいな』と感じたら『この資料すごくわかりやすいね』と部下に声をかけるようにしています。

さらに、私の上司の口からもフィードバックしてもらいたいので、後ろに座っている部長に『○○さ

んがこれをまとめてくれたんですよ』と声をかけると『○○さん、ありがとう』と言ってくれる。そうすると、私1人がフィードバックしたときよりも、部下のモチベーションが上がりますね」

同様に、自動車関連メーカー・技術部のマネジャーは、中国に駐在しているときのエピソードを語ってくれました。

「人間は、周りから認められて、ほめられるとやる気が出るものです。
中国にいたときに成果発表会があったのですが、現地の上司に『発表内容をほめてあげてください』とお願いしたところ、部下たちのモチベーションが上がりました。その後のタイミングで『ここを改善すると、もっとレベルアップする』と伝えたところ、さらにやる気を見せるようになりました」

上司だけでなく、同僚を巻き込むことも有効です。
損害保険会社・営業部のマネジャーも次のようにコメントしています。

「期待や強みを伝えるときに、賛同してくれそうなメンバーを同席させることもあります。先日、事務職の女性の強みを伝え、これからの期待を伝えたときに、筆頭の営業担当を同席させて『俺もそう思うよ』と言ってもらったのですが、効果的でした。
また、出先の電車の中などで、間接的に他のメンバーとコミュニケーションをとることも多いのですが、そのとき、『彼女は○○をよくやっているよね』と間接的に相手に伝わるようにほめたりします。直接伝えるよりも、間接的に強みを評価するほうが伝わることがあります」

なお、上司は、部下の仕事ぶりのすべてを把握しているわけではありません。このマネジャーは、部下がどのような働きをしているかについての情報を、同僚の部下から聞いていました。

「他のメンバーとの会話の中で、別のメンバーの様子や働きぶりを聞いたりします。そうすると、自分からは見えていなかった良い動きが見えてきて、隠された強みを理解することができます」

「強みを中心としたアプローチ」の中には、職場内外の人々から「自分の強み」についての情報を収集するという手法があります[50]。つまり、ある個人の良い動きや強みを把握する場合、いろいろな人々の視点を取り込むことが有効なのです。

成功についての情報を集めたり、成功を振り返る際に、多くの人々の協力を得ましょう。

2 なぜ成功したかを振り返らせ、強みを引き出す

成功の振り返りの重要性

前著『「経験学習」入門』では、5年目までの若手社員の育成を担当している人を対象に調査を実施したところ、育て上手の担当者は、次のように部下・後輩の内省を支援していました。

- **成功失敗の原因を本人に語らせる**
- **成功失敗のパターンを認識させる**
- **成功しても、より良い方法を考えてもらう**

つまり、育て上手の担当者は、失敗だけでなく、成功についても、その原因や理由を本人に振り返らせ、そのパターンを認識させ、成功してもより良い方法を考えさせるような指導をしていました。

同様の方法は、育て上手のスポーツ指導者も採用しています。

前著でも紹介しましたが、北島康介選手や萩野公介選手を育てた水泳コーチである平井伯昌氏の言葉を引用しましょう。

「試合で泳いだあと、成績が悪かったり、ミスしたときには、『どうしてダメだったのか？』誰でもがそう考えるはずだ。もちろん、そうした反省も必要であることはたしかだ。だが、もっと大切なのは、調子が良くて記録も上がったときに、『どうして良かったのか？』と考えることである。（中略）選手の泳ぎはいつも順調に行くわけではない。必ず崩れるときがくる。そのときに、『なぜ、あのときできたのか』それがわかっていないと、調子を元に戻せなくなってしまう。いちばん大切なのは、悪くなったときの『リカバリー能力』なのだ」[51]

どうして速く泳げたのかを振り返ることは、スランプ脱出のきっかけとなるだけでなく、より速く泳ぐためにも必要なことです。さきほど紹介した育て上手の調査結果と一致していることがわかります。

成功の「再現性」を高める

改めて実施した調査においても、育て上手のマネジャーは、良かったこと、成功したことを、そのままにせず、「なぜ良かったか？」「なぜ成功したか？」を部下に振り返らせていました。

自動車販売の店長のコメントも見てみましょう。

「良い売り方をしたときにはほめます。そのとき、成果だけではなく、『プロセス＋成果』でほめる必要があります。部下によっては、お客さんが何を評価したのかをわかっていないケースもあるからです。『こういう売り方をしたから決まった』というケースが力になります」

ここで注目したいことは、本人が成功の理由を理解していないことがあるという指摘です。そのようなときには、上司と部下とともに振り返り、成功した真の理由を理解することが有効です。

ある営業コンサルタントによれば、トップ営業担当者であり続ける人の特徴は、商品・サービスが売れたときに、お客さんに対して「なぜ買ってくれたのでしょうか？」と聞けることだそうです。

買ってくれなかったときに「なぜ買ってくれなかったのでしょうか？」と聞くのは自然ですが、買ってくれたときには理由を聞かないケースが多いといえます。

商品・サービスが売れたとしても、自分が想定した理由と、実際の理由がズレていると、その次には売れないかもしれません。成功し続けるためには、またより良い成果を上げるためには「なぜ成功したか」を振り返ることが欠かせないのです。

第3章で紹介した「フィードフォワード面談」でも、過去における成功パターンを意識させ、それを今後の状況においても再現させていたことを思い出してください。

コールセンター・事業運営部のマネジャーも「成功の再現性」を重視していました。

「コールセンターは、いろいろな業界のクライアントさんのために事業を運営しています。成功しても、たまたま上手くいったケースや、クライアントさんの力によることもあります。誰がやっても成功する状況だったかもしれません。

ですから、『何が上手くいったのか』『より上手くいくためにはどうすればよいか』を考える必要があります。

クライアントさんの業界が変わっても成功を再現できるように、部下には『再現性を持たせましょう』と伝えています。そのためには、成功の振り返りが欠かせないのです」

先ほど紹介したトップ営業マンのように「なぜ売れたのか？」「次に売るためには何が必要か？」を考え、成功の再現性を高めることが重要です。

同様に、自動車関連メーカー・製造部のマネジャーは次のように述べています。

「係長クラスの部下を集めて、毎週、各係の目標達成度を確認しています。ＫＰＩ（キー・パフォーマンス・インディケーター：重要な業績指標）をもとにレビューしますが、悪かった点だけでなく、良かったところも報告してもらいます。

なぜなら、良いことを繰り返すことは大事だし、なぜ良かったかを考えることは、もっと良くなるために必要だからです」

このコメントで注目したいのは、成功の「再現性」だけでなく、成功の「拡張性」です。さらに成長するためのヒントが「成功体験」の中に埋まっているのです。

強みを引き出すマネジメントを主張するピーター・ドラッカーも、成功によって自己満足に陥る危険性を指摘し、次のように述べています。

「**うまくいっているときほど『もっとうまくやれないか』を考えなければならない**」[52]

同様に、トヨタ自動車において大野耐一氏のもとで働き、トヨタ生産方式の実践や普及に努めている若松義人氏は、「ものづくりは、人づくり」と述べ、次のように語っています。

「改善活動で大切なのは『**もっといいやり方があるはずだ**』と常に考え続けることだ。決して現状に満足することなく『昨日より今日、今日より明日』とほんのすこしずつでも前に進むことを考える。向上心の強い部下を育てることが改善の継続には重要になる」[53]

成功体験からの学びを次なる成功体験へとつなげるという考え方は、まさにジョン・デューイの「経験の連続性」を重視したアプローチです。

3 同じ目線で振り返り、失敗を成功につなげる

同じ目線で問いかける

育て上手のマネジャーは、成功だけを振り返っているわけではありません。問題や失敗を振り返ることで部下の成長をうながしています。ただし、その方法に特徴があるのです。

それは「同じ目線で問いかける」という方法です。事務機器メーカー・開発部のマネジャーの持論を聞いてみましょう。

「指示を出すマネジメント・スタイルが必ずしも良いわけではありません。『こういうことやってみようか？』と提案するよりも、『どうしよう？』『君ならどうする？』と問うと、メンバーから『こうしましょうか』というアイデアが出てくるので、それを議論したほうがよいと思います。

たしかに時間がかかるし、手間もかかりますが、自主的に動いてくれるので自分がいなくても仕事が持続するのです。

部下自身が『自分はこう思う、こうしたい』と言えるようにマインドチェンジして、『覚醒』すると仕事を任せられるようになります。

今の部署に異動してきたときに、それまでとは分野が異なっていたため、技術的には部下のほうが知っている状態でした。ですから『どうしよう？』と問いかけるマネジメントをせざるをえなかったのです。そのときから『どうしよう？』と問いかける指導になりました」

では、具体的にはどのように指導するのでしょうか。このマネジャーは、次のようなエピソードを語ってくれました。

「もう少しパフォーマンスを上げてほしい30歳の男性社員がいたのですが、指示待ちの姿勢で、自分で気づくことができないため、業務改善が上手くいかない状態にありました。

あるとき、彼と一緒に中国の現場に行き、機械の不具合を改善しました。『どうやってやる？』と聞きながら進め、動いている機械をビデオにとり、スローで再生して問題を検討しました。

私の中には答えはありましたが、あえて部下に任せたところ、ビデオに不具合が映っているのを彼が発見したんです。

これがターニングポイントになり、自信を持つようになりましたね。そのときには、本人が手ごたえを感じていることがわかったので、オーバーアクションでほめることはせずに、『これだね』『じゃあどうしよう？』と問うて、さらに彼のアクションを引き出しました。

この経験によって彼は『覚醒』し、部内のミーティングで、自分の思ったこと、『自分はこうしたい』と気づいたことを口に出すようになりました。

例えば『この計画では、設計期間が短過ぎるんじゃないですか？』などの発言があったりして、『じゃあ、ここまでの計画をつくってみてよ』と仕事を任せられるようになったんです。そのうち、私が知らないことも発言するようになり、さらに仕事のレベルが上がって、その後、他部門に異動したのですが、現在、リーダーとして活躍しています」

このマネジャーは、発生した問題をきっかけにして「どうしよう？」という投げかけによって、部下の眠っていた強みを「覚醒」させました。

ある病院看護部のマネジャーも、「どうしたらいいだろうか？」という問いを投げかけることで問題を解決し、部下の考える力を引き出しています。

「問題に直面した部下に対しては、感情的にならないようにして、ネガティブな言葉やマイナスの言葉は使わずに、『どうしたらいいだろうか？』『どういうふうに問題を解決していくか？』と問いかけます。すると、ポジティブな雰囲気になり、部下は自分で考えるようになります。マネジャーが持っている悪い感情は伝染するので、部下と同じ立場で、一緒に、原因や対策を考えるような問いかけ方が大事だと思います」

感情的にならずに、ニュートラルに問いを投げかけることに関して、電機メーカー・商品開発部のマネジャーも、次のように語っています。

「チーム・リーダーになりたての頃は、声が大きかったのですが、ここ数年怒鳴らなくなりました。現在は、『私たちを上から見たときにどう見えるかな？』『誰かが入ってきて、この話を聞いたらどう思うだろうね？』という問いかけをするようにしています」

「どうしたい？」という問いは、育て上手のマネジャーに共通していますが、状況によっては具体的にアドバイスすることもあるようです。商社・営業部のマネジャーの声を聞いてみましょう。

「問題が発生した場合には、『ここまではいい感じだったね』『どこでズレちゃったんだろうね？』『どう思ってた？』『どうしたいのかな？』と問うようにしています。ただし、仕事のスピード感にもよりますね。締め切りが近い場合には『こっちの方向でやろうか』と方向づけることもあります」

部下が失敗した際にも、感情的にならず、同じ目線で話し合うことが大切になります。自動車関連メーカー・営業部のマネジャーは次のように述べています。

「部下が失敗したときには、怒るところから入らないようにしています。『なぜこうなったのか』真因を探ることが大事です。浅いナゼナゼではなく、深掘りをします。

『前もあったよね』『今起こりそうなものもあるね』と、過去の事例との類似性や、将来の類似性に着目して再発を防止します。

『今日失敗したことはしょうがない、僕が責任をとる』ということを伝えた上で、腹を割って話してもらいます。心のドアを開けてもらいます。『実は……』と部下が語り出すところまで持っていきます。

部下と対立して話すのではなく、同じ側に立って、味方になってあげることが大事です。家族のような関係ですね。ただし、必要な場面で叱らないと本当の信頼関係を築けないので気をつけなければなりませんが」

このマネジャーが言うように、「対立する」のではなく「同じ側に立つ」ことが、部下の強みを引き出すポイントになります（コラム：「対する関係」と「並ぶ関係」参照）。

コラム

「対する関係」と「並ぶ関係」

社会心理学者の石井宏典先生は、インタビュー調査を実施する際、「対する関係」と「並ぶ関係」があると指摘しています。[54]

図表4－2に示したように、「対する関係」とは、話を聞く者と話す者が対峙する関係であるのに対し、「並ぶ関係」とは、話を聞く者が、話す側のとなりに座り、そこから見える世界を共に眺めようと

図表4-2：「対する関係」と「並ぶ関係」

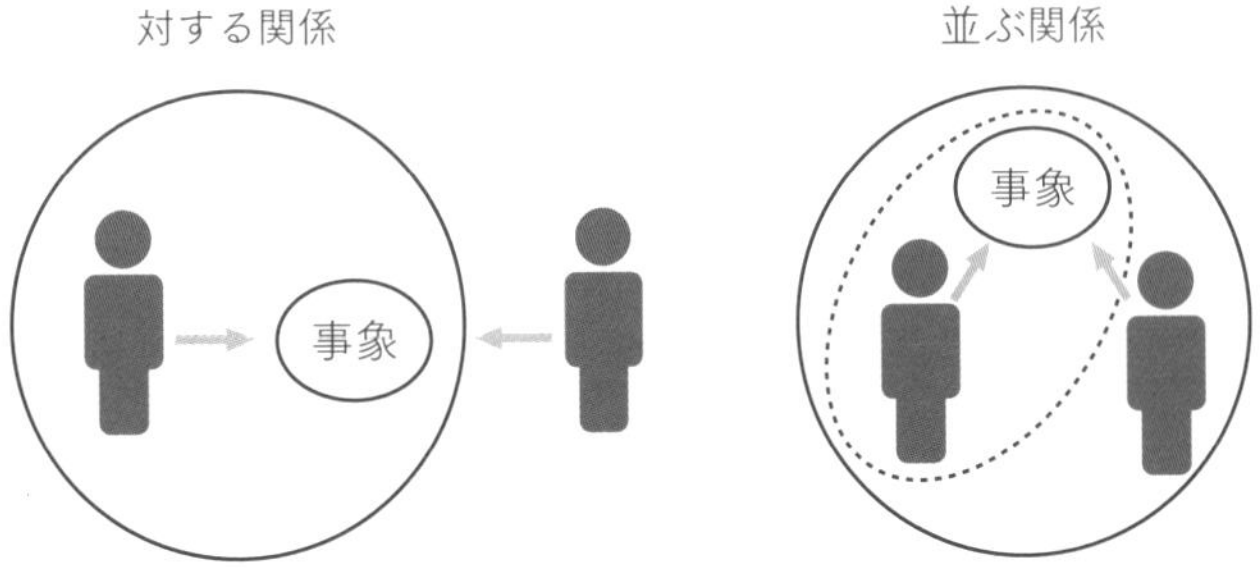

出所：石井（2007）を修正

出光興産創業者・出光佐三氏（共同通信社）

する関係です。

小さい子どもとお母さんが散歩していて、ふと道ばたに咲いている花に気づいたとしましょう。一緒に並びながら「きれいだね」と眺めているような関係が「並ぶ関係」です。

上司が部下の話を聞く場合にも、「対する関係」と「並ぶ関係」があるといえます。

「対する関係」では、上司はあくまでも自分の立場から部下の話を聞くのに対し、「並ぶ関係」では、上司が部下のとなりに座り、部下から見える世界を共有しながら、一緒に考えるようなスタイルになります。

失敗や問題について指導する際にも、「並ぶ関係」を意識しながら、部下と同じ目線で対応する必要があります。

相手と同じ立場で考えること

の重要性については、出光興産の創業者である出光佐三氏が次のように述べています。
「**人を育てる根本は愛である。**（中略）愛とは何か？ただ頭をなでてやることか？そうじゃありません。なにもいわないでいいから、**相手の立場になって考えてやる、というのが愛です**」[55]

並ぶ関係に立ち、相手と同じ立場で考えるとき、人が育つといえます。

致命的な弱みを是正する

「弱みを克服するよりも、強みを伸ばす」ことが育て上手のマネジャーの基本方針です。しかし、彼らは「弱み」をまったく無視しているわけではありません。なぜなら、強みを打ち壊すような「致命的な弱み」が存在するからです。ここでいう「致命的」の意味は、関係者との信頼関係を傷つけてしまう恐れがあるということです。

第3章のコラム「成功者が『脱線』する理由」でも解説したように、さまざまな強みを持った人ほど陥りやすいのが「傲慢《ごうまん》のワナ」です。傲慢さによって他者を傷つけてしまうと、せっかく持っている強みも生かすことができなくなります。

人材サービス会社・財務管理部のマネジャーは、次のようなケースを紹介してくれました。

「50代の女性の部下がいるのですが、法的なことを自分で勉強していて、ロジックをまとめたり、法的対応の段取りを的確に準備してくれる点が強みです。これに対し、少し攻撃的な言動をとる傾向があるところが弱点です。

しかし、部下の感情のムラを気にしてしまうと、その人を否定的に見てしまい、できていることもできなくなり、つぶしてしまうことになります。人の性格ではなく、能力を見るようにしています。

ただし、自分が関係していない仕事に対しても辛らつな意見を言うこともあるので、そのときには『ちょっと言い過ぎだよ』と指摘します」

ときに、そうした弱みの指摘をされてこなかったために、低い評価を受けている人もいるようです。自動車関連会社・情報部門のマネジャーは、次のようにコメントしています。

「厄介者扱いされて、いろいろな部署を転々としている40代の係長と面談していたとき、自分の弱みに対する認識がないことがわかりました。能力は高いのですが、コミュニケーションが下手で、言い方が良くないのです。

そうした問題を上司から教えてもらっていなかったようなので、その人の仕事のアプローチの問題をしっかり教えてあげました。

その後、この係長の働き方は大きく変わり、自身の強みを生かすことができるようになりました」

こうしたケースは、第3章で紹介した「是正型アプローチ」に当たります。つまり、強みを阻害していた弱みを是正することで、本来持っている強みを生かすという指導法です。強みによる「副作用」や「ひずみ」のようなものを取り除くことで、「適切な強み」にしていくことが大切なのです。

ただし、「弱み」をフィードバックする際には、伝え方も重要になります。「もし、弱みを修正できたら、より強みが生かされるよ」と未来志向の指導をすることが有効だといわれています。[56]

次のケースを見てください。

「弱みについて指導するときには『そこを直すと、あそこのレベルに行けるよね』と伝えています。そうすると、前向きに取り組んでくれます」（商社・経営管理部マネジャー）

このように、弱みの修正が部下の成長につながることを明示しましょう。

失敗を成功につなげる

育て上手のマネジャーの中には、あえて失敗させることで、部下の力を引き出している人もいました。失敗経験は本人にとってインパクトがあるため、適切に指導すれば、その学びを成功経験につなげることができるからです。いわば、「痛い思い」を通して学んでもらうアプローチです。

ここで重要なことは、失敗できない仕事と、失敗してもよい仕事を区別することです。住宅設備機器メーカー・営業部のマネジャーは次のような事例を語ってくれました。

「短期的に仕上げないといけない仕事については指示を出しますが、中長期的な仕事については細かい指示は出しません。中長期的な仕事は、すぐには大勢に影響はしないので、失敗してもいいと思っています。

私の部下に地域正社員の40代の女性がいるのですが、本社正社員を目指しています。彼女は、理解力に優れ、ものごとをわかりやすく伝えることができ、人の使い方が上手いという強みを持っています。

本社正社員になるためには、リーダーシップ力が必要なので、中長期的な視点から企画したイベントのリーダーを任せました。

ちょっとしたアドバイスをしてサポートしながら、本人に任せましたが、イベント自体は成功とはいえない内容でした。

メンバー全員で振り返り、『ここまでやったら、これだけの成果が出る』ということがわかった点は収穫でしたが、『もっと準備が必要だった、お客さんを巻き込まないといけない』という反省点も出ました。

『今回の教訓を生かして次のイベントも任せたい』と彼女に伝えたところ、新しいイベントに関するかなり精度の高い企画を出してきました。この企画はたぶん成功すると思います」

化学メーカー・営業部のマネジャーも「失敗しても大きな損害にはならない仕事」を任せる重要性について次のように述べています。

「活躍の場づくりとしては、失敗しても大勢に影響のないお客様との価格交渉を任せたり、上司に報告するレポートを作成してもらったりしています。

小さいチャレンジができるようになったら中くらいのチャレンジをさせるようにすると、失敗しながらも自信がつき、1年から1年半で大きく変化するようになります」

こうした指導方法は、海外においても実践されています。事務機器メーカー・開発部門のマネジャーの事例を見てみましょう。

「中国の工場に4年滞在したことがありまして、機械が止まるのを少なくする仕事に従事していました。現地の従業員は受け身の姿勢が目立ち、初めは、『○○さんどうしましょう?』と指示を仰いできました。そこで、チーム単位でミーティングをして、基本的な見方を説明し、データを提示してから、『このデータを見て、どう思う?』と問うと、『こうしてみたい』というアイデアが出てくるようになりました。しょうもないアイデアも出てくるのですが、『当たり(正解)』も含まれているので、大きなトラブルになる危険性がないかぎりやらせてみました。『ハズれる』ことも大事で『なぜハズれたのか』がわかるようになります。

時間はかかりますが、そのほうが最終的に仕事の質が上がるのです。そのうち、私の中になかった視点やアイデアが部下から出てくるようになるのが嬉しいですね」

このように、失敗を覚悟で仕事を任せることで、部下の主体性や能力を引き出し、成長することにつながるのです。

出版会社・営業部マネジャーは次のように語っています。

「超有名大学出身の新入社員がいまして、書店キャンペーンの提案をさせました。その内容は、市場や現場の感覚とはズレていたため、たぶん失敗だろうと予測できましたが、あえてやらせることにしました。頭の中だけで考えるのではなく、現場感覚を持ってほしかったからです。予想通り失敗したのですが、この件をきっかけに、彼はキャンペーンの難しさや、市場感覚を理解することができ、大きく成長しています」

先ほど、「成功の再現性」を強調していたコールセンター・事業運営部のマネジャーは、失敗について次のような持論を述べています。

「やりたいことを全力でやって失敗するのであればＯＫと伝えています。ただし『その失敗から学び、成功につなげてほしい』と指導しています」

このように、失敗を次の成功につなげることが失敗経験からの学びになります。

失敗から学ぶための条件

これまでの事例から、失敗経験から学ぶためには、次の3つの条件が必要になることがわかります。

①主体的に挑戦している
②失敗から学んでいる
③その学びを成功につなげている

逆にいうと、成長につながりにくい失敗とは、①主体的な行動がなく、②失敗から学んでおらず、③失敗を次に生かしていないケースです。

第1章で紹介した教育哲学者ジョン・デューイは、成長につながる経験の条件として「連続性の原理」を挙げていますが[57]、失敗経験にも連続性が必要になります。つまり、ある失敗で学んだことを、その後に生かすことができれば、その失敗は意味のある経験になります。

大事なことは、失敗を単体で扱うのではなく、その後の成功とセットでとらえることです。

ここで、失敗を成功につなげた例を紹介しましょう。

作家の北方謙三氏は、22歳で純文学作家としてデビューするものの、その後10年間は、小説を100本書いて、掲載されたのは3本だけだったといいます。[58]

あるとき、若手編集者から「あなたはこんな暗い話を書いている場合じゃない」とエンターテイメント小説をすすめられました。それからは水を得た魚のようにヒット作を連発することになります。

では、純文学を書いていた10年間はムダだったのでしょうか。そんなことはありません。北方氏は、純文学を書き続けることで「月に千枚書いても文章が乱れない」文章力を身につけていたのです。

この事例を見ると、彼は①主体的に挑戦し（純文学への挑戦）、②失敗から学び（文章力、自分の適性）、③その学びを成功につなげている（エンターテイメント小説の執筆）ことがわかります。

10年間の失敗経験を経て、自分の強みがエンターテイメント領域であることに気づき、純文学で培った力量を発揮したからこそ、作家として北方氏は大きく成長できたのです。

「挑戦し、失敗を成功につなげる重要性」を物語るエピソードをもう1つ紹介します。

ＹＫＫの創業者である初代社長の吉田忠雄氏は、市場開拓の初期において、海外に赴任した英語もおぼつかない社

YKK創業者・吉田忠雄氏
（朝日新聞社／時事通信フォト）

員を次の言葉で励ましたといわれています。[59]

「**失敗しても失敗しても成功しろ**」

この言葉には「失敗しても、その経験を糧にして成功しなさい」という意図が込められています。当時のＹＫＫは、海外で市場を開拓する際に、代理店も下請けも使わず、何でも自力でやることを重んじていました。「自分で考えて自分で行動することが重視され」「信じて任せる」文化です。海外での仕事にマニュアルはなく、全権を委ねられた現地法人の社長が自分の裁量で事業をしていたといいます。

忠雄氏は「君たちが失敗して困るのは社長の僕だ。君たちはちっとも困らないじゃないか。僕がいいと言うのだから、思い切ってやったらいい」と述べたといわれています。[60]

このように、育て上手のマネジャーは、一種の「覚悟」を持って、失敗経験から学ぶことを部下に奨励しています。

弱みの対処法

「強みを生かせ」と言われた人の多くは「では、弱みにはどのように対処するのか？」という疑問を抱くと思います。

これまでの研究によれば、「弱みの無意味化」が基本戦略となります。具体的には、次のような方略が提唱されています。[61]

①弱みの影響が出ないように役割を見直す
②強みを用いて、弱みを補完する
③弱みを補完してくれるパートナーを見つける
④職場において、メンバーの強みに応じて役割や責任を決める
⑤(最後の手段は)トレーニングによって弱みを平均レベルに上げる(熟達させる必要はなく、パフォーマンスを阻害しない程度)

このように、役割や責任を決定できるマネジャーであれば、①から⑤の方略によって、メンバーの弱みが成果に悪影響を与えないように対処することができます。

ただし、ここで注意しておきたいのは、メンバーの弱みを評価するためにはマネジャーが自分の強みや弱みを理解しておかなければならないということです。人は自分の基準で他者を評価しがちだからです。『はじめての課長の教科書』の著者・酒井穣氏は、次のようなアドバイスをしてくれました。[62]

「まず、強みや弱みというのは他者との比較による相対的なものです。相対的なものだからこそ、自分の強みは、あくまでも他者の弱みとして見えるということに注意すべきでしょう。自分の強みに関する

ことでは『○○さんは、なんでこんな簡単なことができないんだ……』という風に感じられてしまうのです。他者の評価をすることになる管理職は、この事実を理解しておかないと、部下を正しく評価することはもちろん、本当は優れた強みを持っているかもしれない部下を辞めさせてしまうことにもなりかねません。

そうした自分の強みや弱みを理解するには、米ギャラップ社が提供しているStrength Finder（ストレングスファインダー®）という診断ツールが信頼性も高く、広く活用されています。このツールは、American Psychological Associationから『強みに基づいた心理学の父』と呼ばれていたドナルド・O・クリフトン博士（1924〜2003）によって開発されたもので、2017年9月時点までに、世界で1650万人が診断を受けています。

この診断ツールでなくても、マネジャーは自分の強みと弱みを客観的に理解し、自分の強みのフィルターだけで世界を見ないことがとても大事です。先進的な企業では、こうした診断ツールを部署全体で活用し、お互いの強みと弱みを理解するだけでなく、特性の異なる相互のコミュニケーションで起こりがちなトラブルなどの理解を進めています。こうした先進的な企業のように、専門のコンサルタントを雇う余裕がない場合でも、診断ツールの結果を受けて、まずは『私の取り扱い説明書』というものを各自で作成して共有するだけでも、無駄なトラブルを減らすことができます。

このように、客観的な診断ツールを用いて職場メンバーの強みと弱みを共有した上で、「各自の強みが生かされ、弱みが最小化されるような」役割分担やサポート体制を整えることが重要だといえます。

本書の付録Aには、３種類の強みのリストを掲載していますので、このリストを使って、メンバーの強み・弱みの「自己評価」「他者評価」をすることもできます。是非ご活用ください。

陥りやすい「落とし穴」＝成功経験だけを振り返らせる

本章のメッセージは、「失敗経験のみを振り返らせる」のではなく、「成功経験も振り返らせる」ことの重要性です。

ただし、「強みを引き出す」という言葉から「成功だけを振り返ればよい」と考える人がいるかもしれませんが、大切なことは、「失敗も」「成功も」バランスよく振り返ることです。

「失敗しても失敗しても成功しろ」というＹＫＫ創業者・吉田忠雄氏の言葉のように、失敗経験を振り返らせ、そこから得られた教訓を生かして成功につなげ、その成功経験を振り返らせることで、成功の再現性や拡張性を高めることが人材を成長させるポイントになります。

「失敗は成功のもと（Failure teaches success）」ということわざにあるように、長い目で見ると、失敗経験は成功経験の一部であると考えるべきです。

第4章のまとめ

本章では、業務遂行中あるいは業務の節目に、育て上手のマネジャーがどのような指導をしているかを見てきました。ポイントは以下の通りです。

①事実によって成功を振り返らせ、強みを確認する
　→事実やデータを記録し、活用する

②なぜ成功したかを振り返らせ、強みを引き出す
　→成功の再現性や拡張性を高める

③同じ目線で振り返り、失敗を成功につなげる
　→「対する関係」ではなく「並ぶ関係」を心がける

第5章

育て上手の指導法3
中堅社員と連携しながら、思いを共有する

Leadership for Experiential Learning

図表5-1：育て上手の指導モデル（その3）

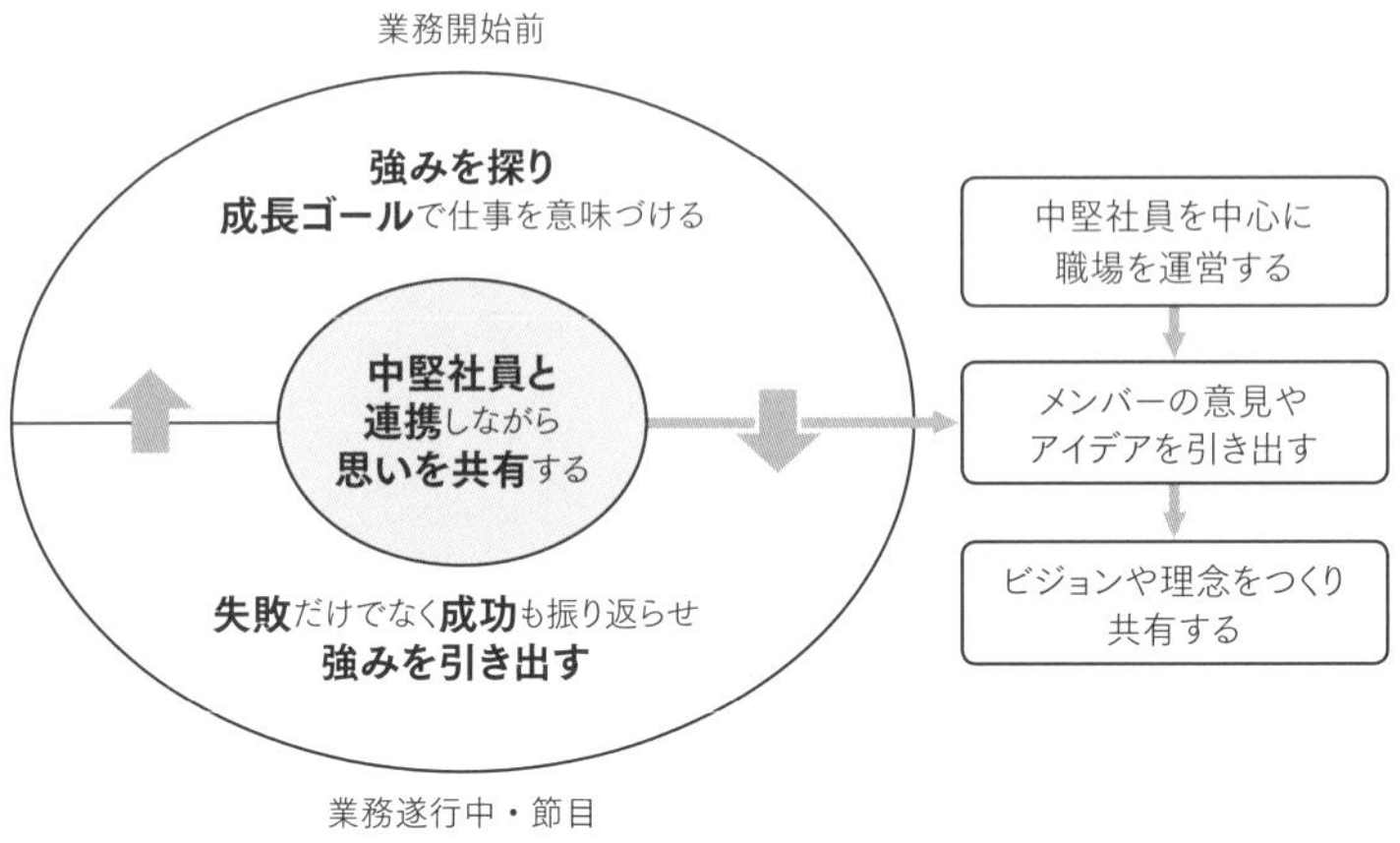
業務開始前
強みを探り
成長ゴールで仕事を意味づける
中堅社員と
連携しながら
思いを共有する
失敗だけでなく成功も振り返らせ
強みを引き出す
業務遂行中・節目
中堅社員を中心に
職場を運営する
メンバーの意見や
アイデアを引き出す
ビジョンや理念をつくり
共有する

第3章では、「業務を開始する前」、第4章では、「業務遂行中および節目」における指導を検討しました。本章では、その両者を含む、職場全体の運営にフォーカスした指導のあり方について考えます。

責任感のあるマネジャーほど、すべての仕事を1人で管理しようとするため、**自身が疲弊したり、燃え尽きる危険があるだけでなく、部下が育たない**状況に陥りがちです。

また、部下に手をかけすぎてしまうと、部下が自分で主体的に働こうとする力を奪ってしまうことになります。あくまでも**部下が「自走」する力を養う**ことが大切になります。

そのために、育て上手のマネジャーはメンバーの「**思い**」（ビジョン、理念）**を共有し、職場内の「つながり」**（他者との関係性）**を強化する**形で職場を運営していました。

図表5－1に示したように、次の3点が指導のポイントになります。

①中堅社員を中心に職場を運営する
②メンバーの意見やアイデアを引き出す
③ビジョンや理念をつくり、共有する

すなわち、育て上手のマネジャーは、①一歩下がった形で、中堅社員を前面に出しながら職場を運営し、②部下が主体的に意見やアイデアを出すように働きかけ、③さらに、自部署が目指すビジョンや理念をつくり、浸透させる努力をしていました。

本書では、20代後半から30代の中核メンバーを中堅社員、20代のメンバーを若手社員と考えています（多少オーバーラップしています）。本章の内容はマネジャー向けですが、中堅社員の方は自身の役割を認識するために、また、若手社員の方は近々担うことになる役割を理解するために読んでください。

1 中堅社員を中心に職場を運営する

中堅主体のミーティング

まず、マネジャーが前面に出るのではなく、中堅社員を中心にしてミーティングを運営している例を紹介しましょう。自動車関連会社・情報部門のマネジャーは、次のような形で職場を運営しています。

「力のある係長クラスのメンバーにファシリテートさせて、毎朝30分くらいのミーティングをワイガヤ方式で実施しています。

お互いの情報を共有し、問題解決し、ノウハウを移転することが目的です。メンタル的につぶれないようにという意図もあります。

プロジェクトは完全に分担するのではなく、少しずつオーバーラップしています。

以前は自分がすべて仕切っていましたが、メンバーもこのミーティングに慣れてきたので、気になったことをコメントしたり、注意する程度にとどめています。例えば、ある問題があって、それが将来的に別の問題に発展しそうなときには、その問題を指摘し、先のことを考える視点を養ってもらっています。

毎朝『やるよう』と声をかけて、プロジェクト毎に状況を報告してもらい、『ここはこうするか』など、言いたいことを言える雰囲気をつくります。そのためにも、必ず笑いをとって場をなごませて、『ありがとう』と言って、部下の働きに感謝するようにしています」

同じように、中堅社員を中心としたミーティング運営をしている、事務機器メーカー・技術部門のマネジャーの声を聞いてみましょう。

「30代後半のマネジャー一歩手前の部下と、30代半ばの2名の部下が頼りになるので、この3名にチーム内の管理は任せています。

空いた時間を使って、私は将来の仕事のネタを仕込むことに注力しています。来年のこと、3年後のこと、10年後にどのようなビジネスを展開すべきかについて考えます。

当初、部下にマネジメントを任せるのは不安でしたし、今でも不安があります。しかし、あるときに『失敗すればいいじゃん』と腹をくくることができ、本気で任せようと思いました。若い人を育てないと将来がないし『このままではやばい』と感じたんです。

基本的には報告をもらって、判断について尋ねられたら『どうしたい?』と聞くようにしています。

ミーティング中は、基本的に議論を聞き、あえて発言しないようにしています。なぜなら、自分が発言すると、それが正解になってしまうからです。ただし、アイデアについての議論になると、自分の意見を言いたくなってしまいますが、我慢しています。

おかしなことがあれば『あれ?』『それってどういう意味?』と発言します。すると、中堅クラスの部下がフォローしたり、おかしな点に気づきますね。ただ、自分が誤解していることもあるので、そんなときには『マネジャーも間違うんだ』ということが伝わり、気軽に発言できる空気ができます」

ここで紹介した2人のマネジャーのように「ミーティングの場では一歩引く」というスタンスをとるのが育て上手の特徴といえます。それによって、中堅社員のマネジメント能力を高めると同時に、若手社員の意見を引き出しているのです。

しかし、一歩引いたマネジメントは「任せ切りのマネジメント」とは異なります。損害保険会社・営業部のマネジャーは、次のように述べています。

「週に1回、営業会議を開いています。以前は私が仕切っていましたが、今では課長代理の部下に会議運営を任せています。役割を与え、しっかり見て、支えてあげることが大事です。たまに『違うな』というときには、『そういう考え方もあると思うけど、僕はこう考えるよ』と軌道修正したり、会議後にフォローして、次の会議では、部下が自分の言葉で修正するように指導しています」

このように、議論が間違った方向にそれた際には、中堅社員の主体性を損なわないように軌道修正しなければなりません。

中堅社員を中心とした運営は、病院組織にも見られます。多くの心臓外科医を育てた経験のある元病院長は、次のように語っています。

「通常、カンファレンス（患者の治療を検討する会議）でケースの反省をしますが、医師はこのときにメモをとり、自分の頭で考えることが求められます。ときに上の医師を批判することも大切になるので、チーム内では何でも言える雰囲気をつくらねばなりません。

ただし、直接批判するといろいろと軋轢が生じることもあるので、上級医師など、メンバーに信頼されている人望のある人を通してメンバーの意見を吸い上げる体制をつくるべきです。

こうした体制を構築し、メンバーの適切な意見を実現してあげると、メンバーのモチベーションが上がります。メンバーに陰で文句を言わせるのではなく、そうした声を吸い上げて治療体制の質を上げていくことが必要です。これは看護部門、コメディカル部門でも同様です」

このように、中堅社員が間に入ることで、自由にものが言える雰囲気が醸成され、生産性や創造性が向上するだけでなく、職場を仕切る中堅社員のマネジメント能力も高まるのです。

こうしたオープンな雰囲気は、「心理的安全」と呼ばれており、メンバーの強みを引き出すための「土台」となります（コラム：心理的安全とイノベーション　参照）。

コラム

心理的安全とイノベーション

ハーバード大学のエイミー・エドモンドソンは、病院における手術室のチームを調査し、「自由に意見が言える雰囲気」があるチームほど、新しい医療技術を上手く使いこなしていることを発見しました。[63]

エドモンドソンは、気兼ねなく自由に自分の意見やアイデアを出せる状況を「心理的安全（psychological safety）」と呼んでいます。[64]

心理的安全がない職場では、メンバーは「こんなこと言ったら課長の気分を害してしまうだろう」「自分の意見を言っても聞いてもらえない」「間違ったことを言うとバカにされる」といったリスクを感じています。
これに対して、心理的安全が存在する職場では、自分の意見を言っても、非難されたり、攻撃されたり、侮辱されることはありません。
これまでの研究によれば、心理的安全の風土を持つチームや組織は、イノベーションを起こし、高い業績を上げる傾向にあります。[65]
また、グーグルの社内調査においても、成功するチームは心理的安全を高めていることが明らかになっています。[66]
この心理的安全の雰囲気を醸成する役割を担っているのが、リーダーなのです。[67] 育て上手のマネジャーたちは、人望があり信頼できる中堅社員を中心に職場を運営することを通して、心理的安全を高めています。

中堅社員と対話する

中堅社員を中心に職場を運営するためには、中堅社員を鍛えなければなりません。そのために必要なことは徹底した対話です。

ガス会社・製造部のマネジャーの声を聞いてみましょう。

「4名のチーム・リーダーがいますが、彼らとは近い席にすることで、常にコミュニケーションできるようにしています。

席が離れているといちいち報告しなければならず、彼らにとっては『お伺いを立てる』形になってしまいます。前にいた部署では、席が離れていてコミュニケーションが悪かったので、配置換えをしました。『言いやすい、聞きやすい、何でも言える』雰囲気をつくることが大事です。

彼らの業務の状態を私の上司に伝えることによって、私の上司とチーム・リーダーのコミュニケーションも増えました。その結果、リーダーたちは自分の仕事に手ごたえを感じたのでしょう、彼らからの業務報告や相談も増えました。

自分のところで止めずにすぐに上に伝えオープンにすることで、自分の仕事を抱え込むリーダーも減ったのです」

この事例から、オフィスデザインを変えて物理的な距離を縮めることが、コミュニケーションの活性化につながることがわかります。

また、中堅社員の働きを自分の上司に伝えることが、報告・相談の増加につながっていることは注目に値します。中堅社員の働きをどんどん上層部に上げることがコミュニケーション量を増やし、部下のモチベーションを高めるのです。

次に紹介する商社・営業部のマネジャーは、中堅を鍛える上で、1対1の面談を重視しています。

「個別の仕事の打ち合わせや、ワン・オン・ワン・ミーティングも含めて、『ちょっといいかな』と社内のカフェテリアに誘って、『最近の仕事の進め方について、こうできないかな?』『君はどういう思いを持っているのかな?』『なるほど、そういう考え方もあるね』『そこはこう修正してほしい』という話をします。

職場は戦場なので、1対1で話すには、柔らかい雰囲気のカフェのほうがいいですね」

化学メーカー・営業部のマネジャーは、ホワイトボードを使って可視化しながら、中堅社員と面談しています。

「中堅への指導の基本は、一緒に絵を描いて実行し、活躍の場をつくり、小さな成功体験を積んでもらうことです。

まず、ホワイトボードを使って現状と理想のギャップを確認し、それを埋めるためのアイデアをブレイン・ストーミングで出し合います。いろいろな部署の人を交えて行うこともあります。

同じボードを見ながら意見を出し合うと、部下も主体的に関わることができると思いますし、そうした形のほうが良いアイデアが出るのも事実です」

このように、並ぶ関係を意識し、中堅社員と1対1でしっかりと対話することにより、彼らを中心とした職場運営が可能になります。

英雄型から共有型リーダーシップへ

中堅社員を前面に出す職場運営には、理論的な根拠があります。

これまでのリーダーシップ理論では、すべてのマネジメント機能をリーダーが果たすべきであるという「英雄型リーダーシップ（heroic leadership）モデル」が存在し、そうした過剰な期待は非現実的であることが指摘されています。[68]

最近になって注目されているのは、マネジメント機能を複数のメンバーで分担する「共有型リーダーシップ（shared leadership）」という考え方です。[69]

例えば、業績管理は得意だけれども、人間関係の調整が苦手なリーダーが、頼りになる中堅社員に、職場の人間関係のマネジメントを任せるようなケースが共有型リーダーシップにあたります。

さまざまな実証分析の結果、共有型リーダーシップは、チームの有効性や業績を高めることが報告されています。[70]

一見すると、1人で組織を仕切っているように見えるカリスマ経営者であっても、必ずトップを支える番頭さん的な役員がサポートしているものです。有名なところでは、本田宗一郎さんを藤沢武夫さんが支えていたように、松下幸之助さんには高橋荒太郎さんという番頭さんがいました。

図表5－2は、英雄型と共有型リーダーシップのイメージを図示したものです。英雄型リーダーの場

図表5-2：英雄型・共有型リーダーシップ

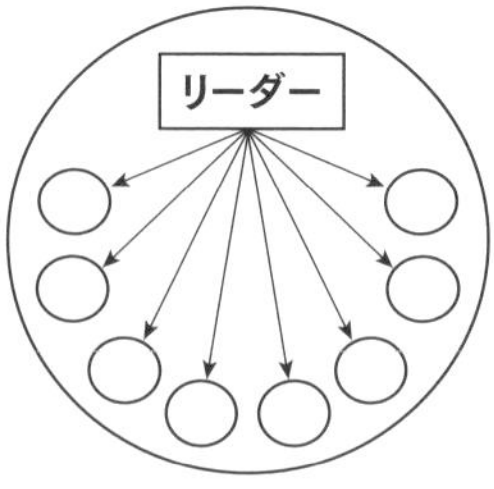

英雄型リーダーシップのイメージ

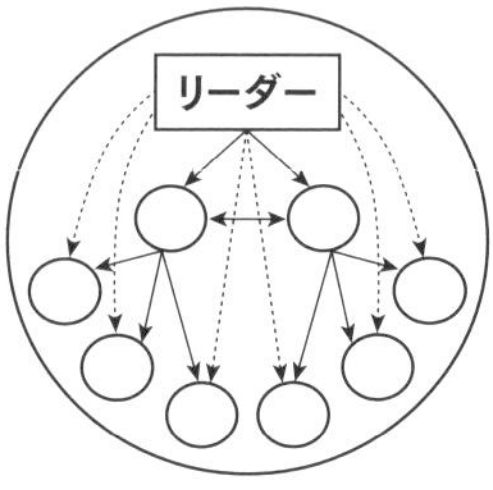

共有型リーダーシップのイメージ

合には、リーダーが中心にいて、すべてを仕切っています。この形態をとると、メンバーの数が多くなると機能しづらくなってしまいます。

　これに対し、共有型リーダーは、信頼できる部下（サブリーダー）に、リーダーの役割の一部を任せ、リーダーシップ機能を分担しています。このスタイルであれば、メンバーの数が増えても対応することが可能です。

　図表5－2の共有型リーダーシップのイメージはあくまでも典型例です。サブリーダーが1名の場合もあれば3名以上の場合もあるでしょう。

　いずれにしても、育て上手のマネジャーは、こうした共有型リーダーシップの有効性を理解しているようです。

　立教大学経営学部教授の中原淳先生は、著書『駆け出しマネジャーの成長論』（中公新書ラクレ）の中で、次のように述べています。

「新人や経験の浅いメンバーは『上司という点』だけで育つのでなく、職場の中のさまざまなメンバー、たとえばマネジャーや先輩や同僚・同期のつながりとかかわりの中で、すなわち『面』において育つのです。（中略）このような状況下において、マネジャーが為しうることは、先に見たように自ら『経験』を振り、振り返りを促すことも大切ですが、一方で、こうした『面＝職場』をつくることが大切になってきます」[71]

このように、「面」で育てる場づくりを実現するためには、共有型リーダーシップが必要になるのです。

2　メンバーの意見やアイデアを引き出す

ビジネスアイデアを吸い上げる

育て上手のマネジャーたちは、今とりかかっている業務だけでなく、将来のビジネスに関する意見やアイデアを、メンバーから吸い上げていました。

コラム「心理的安全とイノベーション」でも触れたように、メンバーの意見やアイデアを気兼ねなく自由に出せる職場では、仕事上の革新や改善が進みやすいことがわかっています。

自動車関連メーカー・技術部門のマネジャーの実践を見てみましょう。


「毎週1時間半くらいかけて、『いいねレビュー』をしています。

毎回2人ずつ、『こんなことやりたいです』『こんなこと考えました』ということを話してもらいます。準備は手書き程度で、パワーポイントなどは使いません。

それに対して、『いいね』『面白いね』『なるほど』というコメントをします。

ちなみに、『いいね』は普通のアイデア、『面白いね』は革新的で新しいアイデア、『なるほど』は論理的アイデアのときに使います。

コメント量は、メンバーが8割くらい、私が2割くらいでしょうか。

メンバーには、やりたいようにやらせて、私も思ったことを述べるようにしています。ちなみに『アウトプット（成果）は考えなくてもよい』と伝えています」


この事例では、部下からのアイデアを否定せず、基本的にポジティブに受け取ることによって、自由に意見を言える雰囲気をつくっています。

また、忙しい仕事の中で、毎週90分の時間を割いて、将来における技術的イノベーションの種をまいている点も評価できます。

出版会社・営業部のマネジャーは、若手社員の意見を吸い上げる際に、中堅社員が重要な役割を果たすと述べています。

「管理職一歩手前の38歳の中堅社員がいます。彼の強みは、きっちりまじめに仕事をこなし、何かを始める際には、事前に関係部署にコミュニケーションをとれることです。

私の部署には若手社員が8名いるので、その中堅社員には、若手の意見を吸い上げたり、マネジャーである私の意向を若手に伝える役割を与えました。

『上はこう言っているけど、自分はこんなことをしたい』と若手が思っていても、なかなかマネジャーに上げづらいし、マネジャーの指示や考え方は若手に伝わらないものです。

そんなときに『上が言っているのはこういう意味だよ。こういう伝え方をしたらいいのでは』と若手に説明したり、アドバイスする役割を担ってもらっています。

若手の意見を引き出すために彼は、正式な会議ではなく、非公式なミーティングを開いて『ちょっと話さないか』という感じで意見を吸い上げています」

こうしたマネジメントに加えて、このマネジャーは、若手社員に限定した会議を設け、意見を吸い上げています。

「管理職抜きで、若手社員だけのミーティングを開かせて、アイデア出しをさせています。

若手社員から出てきたアイデアは、難しい案件であっても『できる理由を探す』形で議論しています。

形にしてあげることが、若手の成功体験になるからです。自分たちの考えが通ったことや、上層部とコミュニケーションできたことも成功体験になり、彼らの自信につながります」

この出版社は、不況にある出版業界にあって、ベストセラーを連発している企業ですが、こうした仕組みも業績好調につながっていると考えられます。

中堅社員を介した意見の吸い上げについて、住宅設備メーカー・営業部のマネジャーも次のように語っていました。

「33歳の男性社員には安心して部下を任せられるので、『下から上がってくる意見は君に任せた』と常々言っております。

販売イベント後の振り返りでも、まず彼が口火を切って、他メンバーの意見を引き出してくれます。彼は一歩身を引きながら聞いていて、議論が混乱したら整理する、というファシリテートをしてくれています。私は参加者としてコメントしたり、参加メンバーが外野にならないように、当事者として意見を述べるようにうながしています」

この事例においても、一歩引いたマネジャーのスタンスが見て取れます。

次に紹介する商社・経営管理部のマネジャーは、議論するトピックを決めた上で、部門の将来についての意見を検討させています。

「私たちの部署の今後について『人材をどうやって育成していくか』『我々のノウハウをどのように全社で共有するか』など4つの分科会をつくり、中堅社員にそれぞれの分科会のリーダーになってもらって議論しています。

メンバーはどれか1つの分科会に入ってもらい、『皆で運営している』感を出しています。私はすべての分科会に参加していますが、コミュニケーションはフラットで何でも言える雰囲気をつくるように心がけています。例えば、私が愚痴を言ったり、弱みを見せたり、皆に相談すると、何でも言える雰囲気ができますね。

それと、メンバーから個別の相談があったときに、『ちょっと待って』とは言わず、どんなに忙しくても向き合うようにしています。そうすると、いろいろと言ってもらえるようになります」

3年先、5年先の展望を持つ

こうして、目の前にある仕事だけでなく、3年先、5年先のビジネスを考えることは、担当部門が中長期的な成果を上げるためにも、人材を育成するためにも必要です。

この点に関して、『「自分ごと」だと人は育つ』（日本経済新聞出版社）の執筆者の1人である、博報堂の白井剛司氏は、次のような問題意識を持っています。

「現在働いているマネジャーの多くは、目の前の仕事に追われて、数年先にどのような仕事をすべきかについて考えることが重要とわかってはいても、取り組むのは難しい状況といえるのではないでしょうか。

そのような状況が続くと、今は成果が出ているとしても、いずれ、ビジネスのネタが切れて、じり貧になってしまいます。

自分が管轄している事業が、中長期的に発展するためにも、『現在取り組んでいる仕事』の他に、『3年先、5年先に花開く仕事』を仕込んでおく必要があるでしょう。実際、社内で成長支援が上手くいっているマネジャーを取材すると、こういった中長期の展望を自身が持つことやメンバーと対話することを心掛けているように思えます。

日々の業務の中に、そうした将来の仕事を考える時間を設けることは組織として重要になりますし、また同時に、中長期の展開をメンバーと考えることは、若手のキャリアニーズと業務のマッチングもしやすくなるので、育成支援においても有効だととらえています」

いくら忙しくとも、育て上手のマネジャーのように、中長期的な課題について考える時間を、週に1回、あるいは月に1回でもとることは、人材育成だけでなく、将来の業績を向上させるためにも必要になります。

以上のように、育て上手のマネジャーは、メンバーの意見やアイデアを引き出すための「場」を設定しています。こうした場があるからこそ、「思いを共有」することができるのです。

3 ビジョンや理念をつくり、共有する

ビジョンや理念をつくり、浸透させる

中堅社員を中心とした職場づくりをする上で大切なのは、メンバーの「思いを共有する」ことです。「思いの共有」は、メンバーのつながりを強化し、同じベクトルに向けて進むための原動力になるからです。

その第一歩がビジョンや理念をつくり、浸透させることです。

ビジョン（vision）は、理想や価値観に基づく「未来のイメージ」であり[72]、理念（mission）は、「大切にしている目的、存在意義、価値観」です[73]。つまり、ビジョンは「将来こうなりたいというイメージ」であり、理念は「仕事をする上で大切にしている考え方」だといえます。

ビジョンと理念は微妙に異なる概念ですが、双方とも「何を大事にするか」という価値観に基づいているという点で共通しています。

現場のマネジャーの多くも、これら2つの概念を厳密に区別せずに、「職場において大事にしている価値観」という意味で「ビジョン」という言葉を使用していました。そこで本書においても、「ビジョン」を、「ビジョン＋理念」の意味で使うことにします。

育て上手のマネジャーは、さまざまなビジョンを掲げていました。

住宅設備メーカー・企画部のマネジャーは次のようなビジョンを設定しています。

「年初に『それぞれがリーダーシップを発揮しながら仕事をしよう』というビジョンを伝えています。そのとき使ったパワーポイントをミーティングのときに見せることで、チーム内に浸透させています。以前、営業部にいたことから、各メンバーに役割を1つ与えて実践してもらっているので、ビジョンと仕事の進め方は一致していると思います」

ガス会社・営業部のマネジャーは、ビジョンを「仕事のスタンス」と言い換えて、次のように語っています。

「仕事のスタンスとしては『一歩でも二歩でも前進するために行動してほしい』という点を伝えています。少しでも前進していればモチベーションが保てるからです。

その際『作業ではなく、仕事をしてほしい』と言っています。『上からの指示』や『受け身の仕事』は『作業』であるのに対し、仕事は『お客様のため、会社のため』という目的が明確で、主体的に工夫している状態です」

なお、多くのマネジャーがビジョンを持つようになったきっかけは、仕事経験の中にあります。

商社・営業部のマネジャーは、中国に赴任していた経験から、ビジョンの大切さに気づいたそうです。

「中国の合弁会社に赴任した当初は、現地社員からまったく期待されていない状況でした。『日本から偉い人が来たけど、役に立つの？』という感じです。

そこで、パッションを前面に出して、自分がやりたいことを発信したところ、少しずつ信頼されるようになりました。そして『この人たちのために何かやりたい』と思うようになったのです。

仲間がいるからこそ何かができるし、結果につながります。このときの経験から『これがやりたい』『なんとしてでもやる』という『パッション、本気度、覚悟』、つまり『熱量』があってはじめて人を巻き込むことができるんだと思いました。

今の部署のビジョンは『お客さんに『ありがとう』と言ってもらえるようなサービスを提供する』という考え方です。『困ったときには○○社さんだよね』と言ってもらえる存在になることです。これに加え、常々『ワクワク感を大事にしよう』と言っています。

そうしたビジョンを浸透させるために、部下に対し『君はどうしたいの？』『やりたいのか、やらなければならないのか、どっち？』『それって、ありがとうって言ってもらえる仕事なのかな？』『これどう？　ワクワクする？』という投げかけをしています。会議や1対1の面談、メール等で発信していくようにしています」

この事例において注目したいことは、ミーティングの際にビジョンを投げかけていることです。ビジョンは、掲げるだけでは浸透しません。問題解決の基準とするときにはじめて浸透するのです。私の研究においても、ビジョンに照らした問題解決は、チームの学習をうながすことが示されました（コラム：ビジョン中心のリフレクションが学びを引き出す　参照）。

コラム

ビジョン中心のリフレクションが学びを引き出す

私は、さまざまな業種・職種の人々を対象として調査を実施し、「チーム学習をうながす会議（ミーティング）のあり方」を研究しました。[74]

ここでいうチーム学習とは「若手・中堅社員が成長し、業務が改善され、業務の質が高い状態」を指します。分析の結果、チーム・リーダーであるマネジャーが次のようなファシリテーションをしている場合に、チーム学習が高くなることがわかりました。

①自由に発言できる雰囲気をつくっている
②ビジョンに照らして問題を検討している

つまり、①メンバーが思ったことを言える雰囲気があり、②何か問題が起こったときには、チームが大事にしているビジョン・理念・価値観に基づいて議論が行われる職場では、若手・中堅社員が育ち、業務が改善され、業務の質も高いのです。

なお、「自由に発言できる雰囲気」とは、エイミー・エドモンドソンの言う「心理的安全」が高い状態です。

また、ビジョンに照らして問題を検討している部署では、「その問題って、うちのビジョンとどう関係しているのかな?」「それって、ビジョンに沿った解決策かな?」という問いが発せられます。こうした振り返りを、私は「ビジョン中心のリフレクション」と呼んでいます。

私の分析では、「自由に発言できる雰囲気づくり」は、チーム学習の基盤であり、「ビジョンに照らした問題解決」が、強力にチーム学習を高めていました。

本章の内容を見てもわかるように、育て上手のマネジャーは、これら2つの要素を強く意識しています。

ビジョンの抽象度はさまざま

なお、ビジョンの抽象性・具体性は、リーダー毎に異なっていました。次に挙げる住宅設備メーカー・営業部のマネジャーは、営業戦略に近い形でビジョンを出しています。

「『こういう営業所になるべきだよね』ということは、この3年間言い続けています。具体的には、売上の中心を『新築からリフォームへ』と変えていくことです。

『ウチの会社のターゲットは新築市場だから』と皆言っているけど固定観念です。

ただし、頭ごなしに言うのではなく、徐々に伝えるようにしています。ここ半年間実施したフェアにおいても、リフォームに特化したイベントをして、市場からどのような反応があるかを確かめました」

ガス会社・経理部のマネジャーは、内勤業務の特性からか「業務の効率化」をビジョンに掲げています。

「当社では『時間外勤務を何とかしないと』という問題がありますが、この点を学びにつなげています。うちの部門のビジョンは『業務をスリムにして、仕事を充実させ、早く家に帰れるようにする』ことです。

早く家に帰れるということは、業務が効率化されて、生産性が高い状態ですよね。仕事が充実しているということは、自分が関わることで成果が広がる、前よりも良い成果が上がる状態です。

単に時間外勤務を解決するのではなく、業務効率化することで、付加価値が高まり、お客さんが喜び、社員も喜ぶ状態になるべきです。

昨年より今年のほうが『業務が成長し、お客さんが喜び、人が育っている』ことが大事です」

この事例で注目したいことは、「時短」という社会的、組織的問題について、「上がやれと言っているからやる」という受け身の姿勢ではなく、「時短」の本質を、付加価値、顧客満足、人材成長の観点からポジティブにとらえ直してビジョンに掲げている点です。

これまで見てきたように、ビジョンの抽象度はさまざまです。この点について、商社・経営管理部のマネジャーは次のように述べています。

「ビジョンの抽象度の設定は難しいですね。あまり具体的だと、ただ単に、考えることなくそれを実施してしまいがちですが、抽象的すぎるとイメージがわきません。

ビジョンのレベル感がちょうどよいと、思いもよらないアイデアが出てきて成果につながります。発想を刺激し、行動を喚起するようなビジョンを設定する必要があります。

うちの部署は、グループ関連会社の経営を改善する役割を担っています。

しかし、『個別の会社の経営を改善する』というビジョンを掲げても、グループ会社のシナジーを発揮するという意識がなくなってしまいます。

そこで、グループとしての経営価値を上げることを念頭に、グループが集まることで経営価値が向上する『コングロマリット・プレミアム』という点と、グループ会社を支援する『変革のドライビングフォース』をうちの部門のビジョンとしています。

こうしたビジョンはブラッシュアップしていく必要があるので、頼りになる中堅の部下3～4名と一緒に、同じ目線で見直しています。

中堅社員から出てきた意見は、必ず採用して取り込み、形として盛り込みます。そうすると、彼らの目線が上がり、上のポジションからモノを考えることができるようになります」

このマネジャーのように、「一度つくったビジョンは変えない」という姿勢よりも、中堅社員やメンバーとともに「ビジョンをブラッシュアップする」ことによって、ビジョンをチーム内に浸透することができるようになります。

メンバーとともにビジョンをつくる

多くのマネジャーは、自分自身でビジョンを提示していましたが、中にはメンバーとともにビジョンをつくり上げるマネジャーもいました。

化学メーカー・人事部のマネジャーのケースを見てみましょう。

「チームのビジョンがなかったので、皆で話し合い、共感できるビジョンをつくりました。ビジョンを作成する際には、自分は口出ししないようにして、ホワイトボードで書記役をしました。その結果『一生涯学習』というキーワードが出ました。これは『会社にいるかぎり学び続ける』という意味です。

普段の仕事の中で『そのアクションはビジョンに対してはどうなの?』『うちのビジョンは何だった

っけ?』という投げかけをしています。自分たちでつくったビジョンなので、自分の仕事の問題点に気づくことができます」

この事例においては、マネジャーが一歩引いた形でファシリテーション役に徹しているのが印象的です。

また、つくったビジョンをそのままにせず、日々の仕事の中で、メンバーに投げかけ、ビジョンの観点から仕事のあり方を考えさせている姿勢は高く評価できます。

次に挙げる事務機器メーカー・製造部門のマネジャーは、会社側から提示されたビジョンに納得できないため、自分たちの部門のビジョンを、他のマネジャーとともにつくっています。

「社内の偉い人が集まって事業部のビジョンができましたが、製造部としての視点ではピンときませんでした。

他のチームのリーダーと話していて『じゃあ製造部のビジョンを自分たちでつくろう』ということになったんです。

製造部は13のチームから構成されていますが、それぞれのチームがチームのビジョンをつくって、それができた時点で共有し、さらに各チームのビジョンに磨きをかけるというプロセスです。

具体的には、自分たちのありたい姿や働き方について、2時間のセッションを5回実施しました。

その結果、

『「楽しい」をプロデュースして、周りと「ワクワク」を創り続ける』

というビジョンができました。つまり、自分が楽しいと思ったことを自分でやろうということです。その反対は、自分が楽しくないことを上司に指示されることです。

このビジョンをつくってから、メンバーが『こんなことをしたい』『こういうアプローチをしてみた』と言える敷居が低くなりました。また、メンバーからの提案に対して自分がダメと言いにくくなりました。

偉い人たちがつくった事業部のビジョンと比較してみると、自分たちのビジョンとの共通点や関係性が見えてきたのも収穫です。

ビジョンを定着させるためにメンバーと話し合っているところですが、デザイン会社に頼んでカッコいい額を発注し、事業部のビジョンが貼ってあるポスターの上に飾ろうと思っています。

また、ビジョンをメールのフッターに日本語、英語、中国語、ベトナム語で入れています」

この事例で着目したいのは、自分たちがビジョンをつくったことで、各自がやりたいアイデアを出しやすくなったという点、およびリーダーがそれを積極的に受け入れざるをえなくなったということです。

さらに、当初はピンとこなかった事業部側のビジョンの意味を理解できたことも興味深い成果です。

以上見てきたように、ビジョンの設定方法はさまざまですが、職場に浸透したビジョンは、「メンバーが仕事の意味を理解し、成功や失敗経験を振り返る際のモノサシとなる」ことで、経験学習を方向づけています。

「統制者ではなくリーダー」というマインドセット

これまで、①中堅社員を中心として職場を運営し、②メンバーの意見やアイデアを引き出し、③ビジョンや理念をつくり共有する、という指導方法を見てきました。

こうしたアプローチをとるマネジャーに共通していたのは、自身を「統制者・管理者というよりリーダー」としてとらえ、部下を「仲間」として認識していた点にあります。損害保険会社・営業部のマネジャーの声を聞いてみましょう。

「私はリーダーではありますが、上司という感じは出したくないですね。メンバーとは対等な関係をつくりたいですし、何でも相談してほしいと思っています。何でも話してもらえる関係になってはじめて、その人にとって何が大事なのかがわかります。ただし、たまに友達感覚を持つ部下もいるので困ってしまいますが（笑）」

部下と対等な関係を築くことは、ベテランの部下ほど重要になるようです。電機メーカー・商品開発部のマネジャーは、次のように語っています。

図表5-3：マインドセットとマネジメント手法

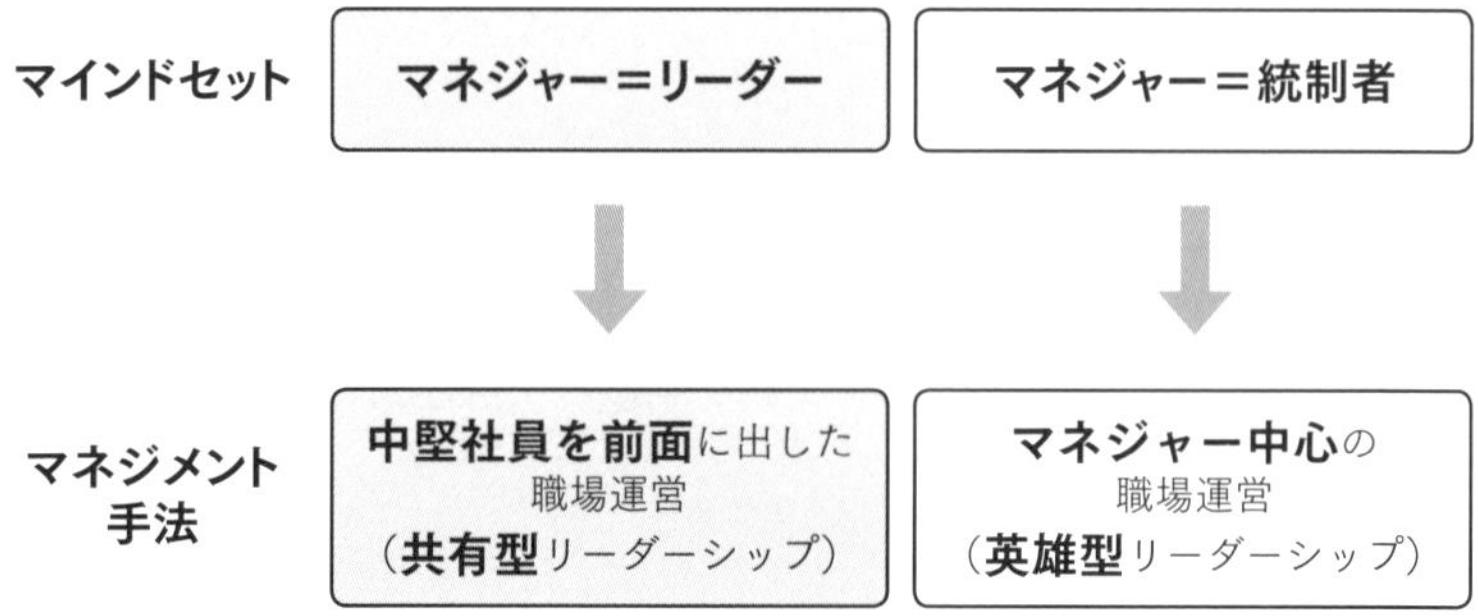

「ベテランに働いてもらうためには、部下としてよりも『仲間』として考えることが大事です。ただし、甘すぎるとナアナアになるので、締めるところは締める必要があります。例えば、簡単にイエスを言わないで、なぜなぜを繰り返して考えてもらうようにしています」

同じような感覚を持っているマネジャーは他にもいました。2人の方のコメントを見てみましょう。

「『人を管理する』という意識を持ちたくないですね。人を通して仕事の成果があるので、一緒に成果を上げていきたいという意識が強いです」（ガス会社・営業部のマネジャー）

「まず、自分が全部の仕事をやったらどうなるかをイメージしてから、仕事を部下に任せています。本来、私が1人で行わなければならない仕事をしてくれるわけですから『ありがたい』と、感謝する気持ちを忘れないようにしています」（人材サービス会社・財務管理部のマネジャー）

このように、育て上手のマネジャーは、部下を「仲間」と見なし、自身の役割を、成果向上を支援するリーダーとしてとらえていました。

本章で解説した指導方法を実行するには、まず**図表5－3**に示したような「マネジャー＝リーダー」というマインドセット（考え方・思考態度）を持つ必要があります。このマインドセットは、共有型リーダーシップを発揮する基盤になるといえます。

陥りやすい「落とし穴」＝「手を抜いている」と思われる

一歩引いて中堅社員を中心に職場を運営する際に陥りがちなことは、引き過ぎて、任せ過ぎて、部下から「マネジメントの役割を放棄している」「手を抜いている」と思われてしまうことです。

そうした状況を避けるためには、ビジョンや方針を明示して、それを繰り返し伝えたり、議論するとともに、問いかけによって部下に考えさせることが大切になります。

「ビジョンや理念もあいまいである」「ミーティングのときに思考を深めるような適切な質問をしていない」「普段から中堅社員と対話もせず、鍛えてもいない」「若手や中堅から上がってきた意見をスルーする」という状態だと、放棄・手抜きマネジャーの印象を与えてしまいます。

逆に、「ビジョンや理念を明確にし、浸透する努力をしている」「ミーティングの際にメンバーに考えさせるような質問をしている」「日常的に中堅社員と1対1で対話する機会を設け、力量をアップさせている」「若手や中堅からの提案やアイデアを承認し、積極的に採用している」のであれば、「真の育て上手マネジャー」であるといえます。

要は「手のかけ過ぎ」や「放任し過ぎ」に陥らないように気をつけて、人が育つ「場」や「環境」をつくり、部下が主体的に「自走」できる力を養うことが大事になります。

第5章のまとめ

本章では、職場において中堅社員と連携しながら、思いを共有する実践について検討しました。ポイントは以下の通りです。

①中堅社員を中心として職場を運営している
→英雄型から共有型リーダーシップへ

②メンバーの意見やアイデアを引き出している
→心理的安全をつくり、3～5年先を考える

③ビジョンや理念をつくり、共有している
→統制者ではなく、リーダーとなる

第6章

補完スキル1
成長をうながす仕事の創り方

Leadership for Experiential Learning

これまでの章では、いかに育て上手のマネジャーが、部下を指導し、職場を運営しているかを検討してきました。

そのスタートは、部下の特性に合った仕事を任せることです。

挑戦的な仕事を任せることができるかどうかは、部下の成長に大きなインパクトを与えます。[75]

第1章「経験学習の基本プロセス」でも紹介したように、

「連携の経験」（他部門や外部組織と連携する業務）
「変革の経験」（部門内外で改善や変革を進める業務）
「育成の経験」（若手・中堅社員を育成する業務）

を積んでいる人ほど、成長する傾向がありました。

しかし、現場のマネジャーからは次のような声が聞こえてきそうです。

「もう少し具体的な業務リストがほしい」
「そんなに都合よく挑戦的業務が職場にあるわけではない」

そんなマネジャーのために、本章では、

図表6-1：「成長をうながす業務」と「業務の創り方」

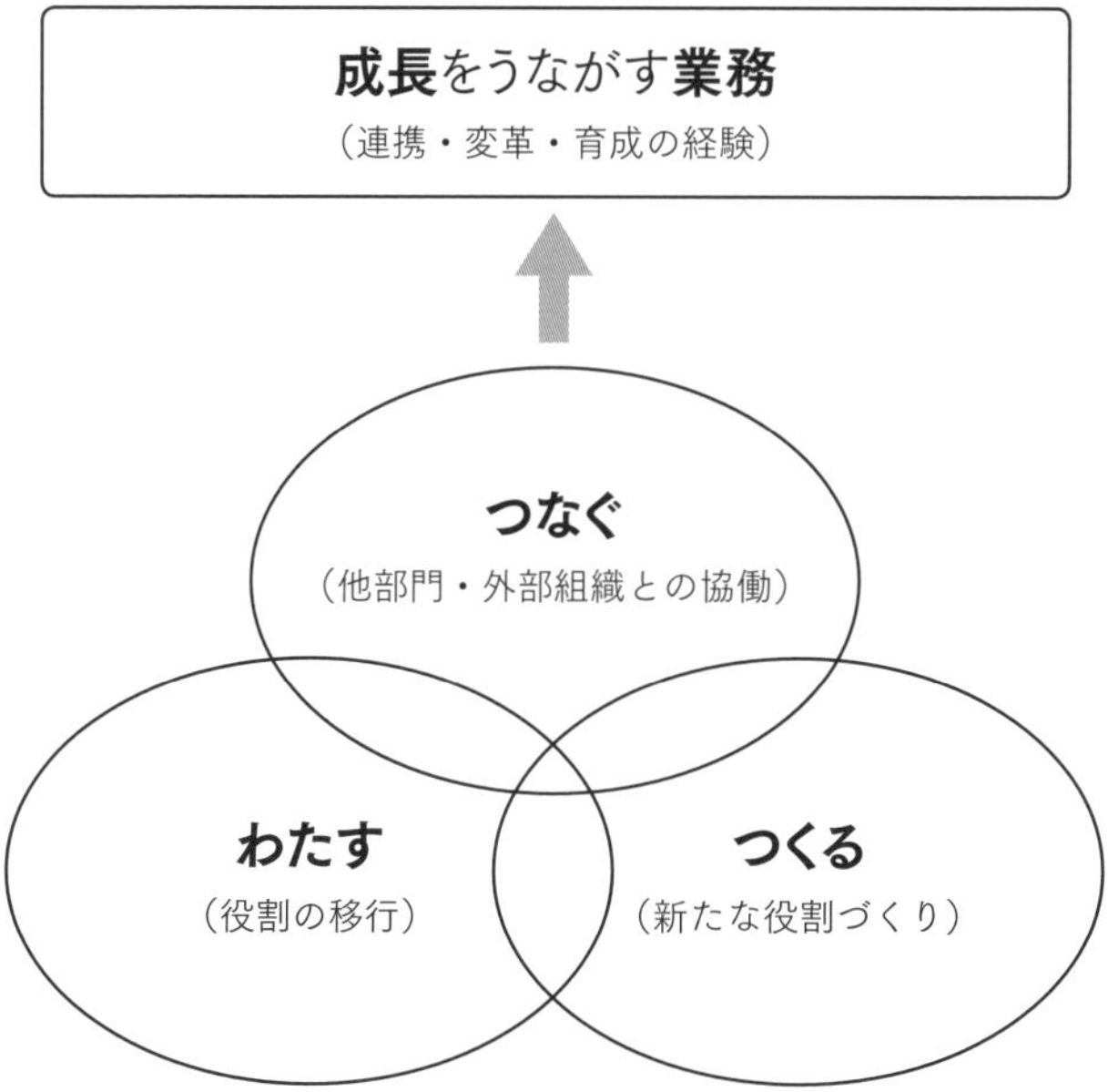

①成長をうながす業務リスト
②挑戦的業務の創り方

について解説します（図表6－1）。

①の「成長をうながす業務」については、「有効性」と「与えやすさ」の観点から検討します。つまり、中堅社員の成長をうながす上で有効・効果的であり、かつ上司が与えやすい業務を明らかにします。さらに、より具体的な業務リストも紹介します。

②の「挑戦的業務の創り方」については、**「つなぐ」**（他部門や外部組織と積極的に協働する）、**「わたす」**（ベテランの業務や自身のマネジメント業務の一部を渡す）、**「つくる」**（新たな業務や役割を設置する）という**3つのアプローチ**に沿って解説します。

成長をうながす業務リスト：有効かつ与えやすい仕事

シンシア・マッコーレイらは、リーダーの成長をうながす経験を「発達的挑戦」と呼び、リーダーシップ力を高める手段として重視しています[76]。

私は、彼らの研究をもとに、「どのような仕事が中堅社員の成長をうながすか」「マネジャーは仕事をどのように創り出しているか」を明らかにするための調査を実施しました（日本の中堅・大企業33社に勤務する管理職394名、および中堅社員700名対象）[77]。

このとき注意したのは、いくら人材成長にとって有効な仕事でも、自分の部署では提供しにくいものがあるという点です。

そこで、部下の成長にとって「有効」であり、かつ上司が「与えやすい」仕事とは何かを探りました。具体的には、これまでの研究や調査をもとに31の業務を列挙し、各業務の「有効性」（中堅社員の業務能力を高める上でどの程度有効か）と「与えやすさ」（現在の職場環境において、どの程度与えやすいか）を5段階で評価してもらいました。

図表6－2の上半分は、中堅社員を育成する上で有効であり、かつ与えやすい仕事、下半分は、中堅社員を育成するにあたり有効ではあるものの、何らかの理由で与えにくい仕事です。

図表6－2の上段を見ると、

図表6-2：中堅社員の成長をうながす仕事

有効かつ与えやすい仕事	【連携の経験】	他部門との調整が必要な業務 他部門を巻き込みながら進める業務 顧客や取引先と打ち合わせ・交渉する業務 協力企業や取引企業との協働
	【変革の経験】	自部門内の戦略・構想を策定する業務 部門内の業務を改善・変革する業務 新しい業務の提案や遂行をともなう業務
	【育成の経験】	新人・経験不足のメンバーの指導
	【他のストレッチ経験】	高い目標を達成する業務 本人が経験したことがない業務
有効だが与えにくい仕事	【連携の経験】	多くの部門・機能を横断的に管理する役割 海外企業や現地拠点との共同プロジェクト
	【変革の経験】	全社的な変革プロジェクト業務 新市場開拓や新事業開発に関する業務
	【他のストレッチ経験】	部下より高い職位の者が実施していた役割 トラブルや非常事態への対処 新人、ベテラン、女性で構成されるチーム運営 多様な職種や雇用形態の社員のチーム運営

・他部門との調整や巻き込み、顧客や取引先企業との協働などの「連携の経験」
・部門内の戦略策定、改善、業務提案などの「変革の経験」
・新人や経験不足メンバーを指導する「育成の経験」

があり、この他に、「高い目標達成」や「本人が経験したことがない業務」が挙げられています。

これに対し、有効ではあるが与えにくい仕事としては、

・多くの部門の横断的管理や海外企業との協働（連携の経験）
・全社的変革や新事業開発（変革の経験）
・高職位の役割、トラブル対処、多様なメンバーのチーム運営

などがあります。

つまり、図表6－2の上段は意識すれば何とか任せられる仕事であり、下段はチャンスがあれば任せたい仕事といえます。

成長をうながす業務リスト（詳細版）

図表6－2は、大まかなカテゴリーで構成されていますので、もう少し詳細な業務リストが欲しいところです。

そこで私は、米国のリーダーシップ研究所であるＣＣＬ（Center for Creative Leadership）が開発した「マネジメント能力を高める上で有効な88の課題」[78]の日本版をつくりました。

具体的には、人事関連のコンサルタントおよびマネジャー（40名）に、ＣＣＬによって提唱されている「マネジメント能力を高める88の課題」を示し、「マネジャーに昇進する前の中堅社員（20代後半～30代の社員）」のマネジメント能力を高めると思われる業務を特定してもらいました（日本企業に合うように、業務内容の表現は変えてあります）。

図表6－3は、50％以上の回答者が「有効である」と判断した課題のリストです。「小規模プロジェクトや立ち上げ業務」「業務範囲の拡大と改善活動」「戦略的な業務」「教育・コーチングに関わる業務」という4つのカテゴリーにわたり、53の業務が挙げられています。この中には、「連携の経験」「変革の経験」「育成の経験」が多く含まれており、図表6－2をさらに細分化した業務となっていること

図表6-3：中堅社員の成長をうながす53の課題

小規模プロジェクトや立ち上げ業務	
1	緊急を要するビジネス上の課題に対応するプロジェクトチームに加わる
2	社外の関係者を含めた、あるいは部署・組織をまたいだミーティングや会合を企画する
3	顧客や取引先などの社外の利害関係者との交渉・折衝をリードする
4	全社の情報・業務システムを構築・統合する仕事に関わる
5	経営に関する企画書を作成し、経営陣に提案する
6	顧客や取引先からのクレームなど、職場外でのトラブルに対応する
7	ビジネス上の重要問題の解決のために編成されたプロジェクトチームを管理・運営する
8	組織の代表者として、社外で講演やスピーチをする
9	新しい情報・業務システムを評価し、導入するまでの一連の流れを担当する
10	工場・支店・店舗など、ビジネスをたたむ仕事に関わる
11	職場の課題を検討する推進リーダーになる
12	飲み会や旅行などの社内リクリエーションを企画・運営する
13	自部署を離れて、一時的に関連する他部署で働いたりサポートする
14	部門横断的なプロジェクトや、他部門と協同で実施するプロジェクトに参加する
15	新商品・サービス・プログラムを立ち上げるチームをリードする
16	新しい製品・システムの企画・開発・運用に関わる
17	一般社員と経営陣の間に立ち、現場の声を上層部に伝える
18	締め切りまでに時間が切迫しているプロジェクトに関わる
19	会社を代表して、重要人物（役員の顧客等）の訪問を取り仕切る
業務範囲の拡大と改善活動	
20	経験不足のメンバーが多いグループのリーダーとなる
21	能力的に劣るメンバーが多いグループのリーダーとなる
22	クレームやリコールなどビジネス上のトラブルに関わる
23	要求水準が厳しいタスク等、難易度の高いプロジェクトに関わる
24	コスト削減プロジェクトチームのリーダーになる
25	苦手な人物や利害が対立する相手との交渉や協働に関わる
26	部門内の変革実行のためのビジョンやスローガンをつくる中心メンバーとなる

（次ページに続く）

27	問題があるメンバーで構成されるグループのリーダーとなる
28	当該業務の専門知識・ノウハウを有するメンバーがいないグループのリーダーとなる
29	専門家集団の色合いが強いグループのリーダーとなる
30	定型業務が主体のグループのリーダーとなる
31	業務量や業績が急速に拡大しているグループのリーダーとなる
32	構成メンバーを選抜したり、絞ったりすることに関わる
33	社外への出向・転籍を図るプロジェクトに関わる
34	誰もが敬遠するような業務に取り組む
戦略的な業務	
35	特定市場の競合情報をまとめ、競合する他社の分析を行う
36	全社や部門のビジョンや事業計画を作成する
37	重要顧客のニーズを収集・分析し、企画書にまとめる
38	失敗した業務やプロジェクトの原因分析をし、共有する
39	問題の再発防止に向けた施策を練る
40	顧客や同業他社による革新的活動や成果を研究し、共有する
41	業務や技術の最新トレンドを敏感につかみ、社内外でプレゼンする
42	新しい製品・サービス・システムの提案書を起案する
43	上司のプレゼンテーションの資料を作成する
44	社外の人から当社についての評価をヒアリングする
45	会社や事業の将来を予測し、状況別のシナリオを作成する
教育・コーチングに関わる業務	
46	アルバイト・新人・若手社員への教育訓練プログラムで指導役を担当する
47	優れた上司、あるいはそりが合わない上司と仕事をする
48	他者に、その人の専門外の仕事を教える
49	他者に、その人の専門である仕事を教える
50	組織の課題に適した教育・研修プログラムを設計する
51	自己啓発・自己認識プログラムに参加する
52	特定の仕事に関して、専門家と協働する
53	新しい専門領域を勉強する

注：アミかけ部分は70%以上の回答者が有効だと判断した課題を示しています

がわかります。

なお、アミかけの部分は70％以上の回答者が有効であると判断した、より効果が期待できる業務です。比較的与えやすそうな業務としては「顧客や取引先からのクレームなど、職場外でのトラブルに対応する（小規模プロジェクトや立ち上げ業務）」、「苦手な人物や利害が対立する相手との交渉や協働に関わる（業務範囲の拡大と改善活動）」、「失敗した業務やプロジェクトの原因分析をし、共有する（戦略的な業務）」、「アルバイト・新人・若手社員への教育訓練プログラムで指導役を担当する（教育・コーチングに関わる業務）」等があります。

そのほかにも与えやすい業務があると思いますので、図表6－3のリストを参考に、自部署で提供できそうな業務を探してみてください。

いかに仕事を創るか

次に、図表6－2、図表6－3のリストで示した業務を「どのように創るか」について検討します。

さきほど述べたように、育て上手のマネジャーは「つなぐ」「わたす」「つくる」という3つのアプローチで仕事を創っていました（図表6－4）。

「**つなぐ**」とは、他部門や外部組織と連携しながら、新しいチームやプロジェクトを設置することを意味します。

「**わたす**」とは、自分自身のマネジメント業務の一部を任せたり、今までベテランが実施していた業務

図表6-4：成長をうながす仕事の創り方

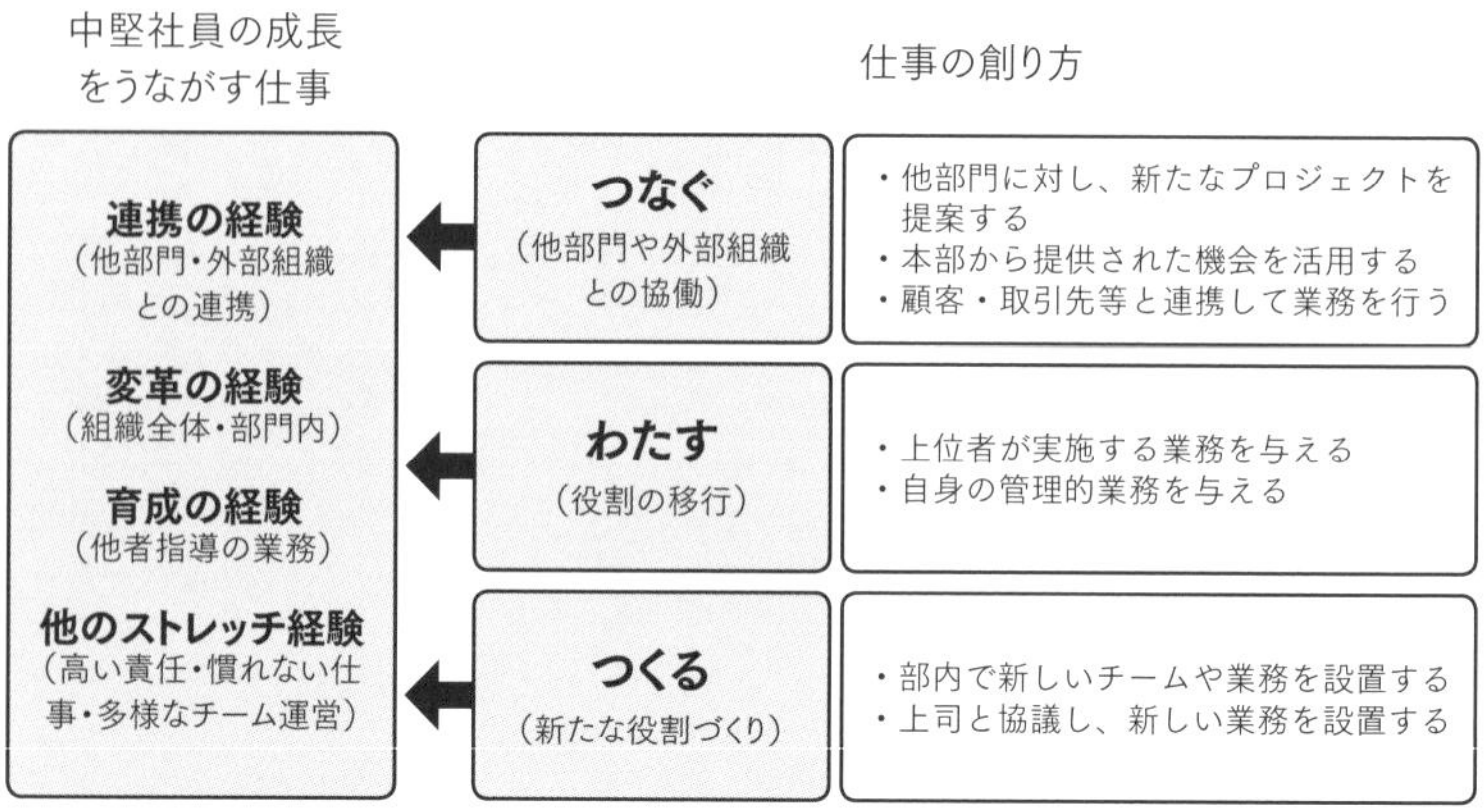
中堅社員の成長をうながす仕事
仕事の創り方
連携の経験
（他部門・外部組織との連携）
変革の経験
（組織全体・部門内）
育成の経験
（他者指導の業務）
他のストレッチ経験
（高い責任・慣れない仕事・多様なチーム運営）
つなぐ
（他部門や外部組織との協働）
・他部門に対し、新たなプロジェクトを提案する
・本部から提供された機会を活用する
・顧客・取引先等と連携して業務を行う
わたす
（役割の移行）
・上位者が実施する業務を与える
・自身の管理的業務を与える
つくる
（新たな役割づくり）
・部内で新しいチームや業務を設置する
・上司と協議し、新しい業務を設置する

を中堅・若手社員に移行することを意味します。

「つくる」とは、自分の裁量で、あるいは上位者と協議しながら、部内に新しい業務や役割を設置することです。

このように、自分が管轄している仕事を、創意工夫しながら変えたり、創り出すことを**「ジョブ・クラフティング」**（job crafting）といいます（コラム：ジョブ・クラフティング 参照）。基本的に、仕事経験は組織や上司から与えられるものですが、ある範囲内において、自分で再デザインすることが可能なのです。

「つなぐ」「わたす」「つくる」というアプローチは、通常のジョブ・クラフティングよりもスケールが大きく、ダイナミックです。現在の職場を「所与」のものとして受け身のマネジメントをするのではなく、仕事を創りながら「職場をクラフティング」していく姿勢が求められます。

以下では、育て上手のマネジャー48名（日本企業8社）を対象とした自由記述調査に基づき、いかにマネジャーが仕事を創り出しているかについての事例を見ていきます（読みやすくするため、文章は「です・ます調」に統一しています）。

コラム

ジョブ・クラフティング

ジョブ・クラフティングとは、自分の関心、モチベーション、情熱と一致させるように、担当している仕事を変えていく自主的な行動です[79]。

この概念の前提には、仕事とは上司から与えられるだけではなく、自分の裁量内で、主体的に変更したり、再設計することが可能であるという考え方があります。

エイミー・レズネスキーとジェーン・ダットンによれば、次の3タイプのジョブ・クラフティングがあります[80]。

①**仕事のデザイン**を変える
②**他者との関係性**を変える
③仕事に対する**考え方**を変える

第1のタイプは、仕事を構成しているタスクや業務の数や範囲を変えるという方法です。無駄な業務を省いたり、効率的な手続きに変更したりすることが含まれます。

第2のタイプは、仕事上で関わる他者との関係性を変えるようなクラフティングです。例えば、協働する相手を変えたり、やりとりの頻度や方法を変更することが挙げられます。

第3のタイプは、仕事の意味をとらえ直す方法です。例えば、レストランのウエイターが、「仕事とは、正確に素早く給仕すること」という考え方から、「笑顔で接客し、顧客を幸せな気持ちにすること」という考えに変えるケースなどです。

マネジャーの仕事の創り方のうち、「わたす」「つくる」は第1のタイプ、「つなぐ」は第2のタイプのジョブ・クラフティングだといえます。

ジョブ・クラフティングは、マネジャーが仕事を創り出すときだけでなく、部下が業務を創意工夫する際にも必要となります。

後輩や部下のジョブ・クラフティングを支援することも、先輩・上司の重要な役割です。

「つなぐ」(他部門・外部組織との協働)

仕事を創る第1の方法は、他部門や外部組織に対して新たなプロジェクトを提案したり、相手からのオファーを受けて「つなぐ」アプローチです。

自分の領域を飛び越えて他部門や外部組織と連携することを、ユーリア・エンゲストロームは「**バウンダリー・クロッシング**(boundary crossing)」と呼んでいます。[81]「**境界横断**」もしくは「**越境**」と訳されていますが、複雑な問題や課題ほど、自部門や自組織では解決することが難しくなるため「越境」して仕事をする必要性が高まるのです。
以下では、マネジャーが「越境」しつつ、仕事を創る方法を見てみましょう。
自動車関連メーカー製造部門のマネジャーは次のような提案をしています。

「工場の生産性改善を進めるために、技術部門の担当者と組んでプロジェクトを推進しました。技術部門では『若手を育成したいが教えるマンパワーが足りない』という課題を抱えていたので、生産部門から人と支援体制を提供することによって改善活動を進め、お互いの部門にとってメリットになる形を提案しました」

この事例が優れているのは、自分たちの部門と、相手の部門の課題をすり合わせて、お互いが得になる形で連携を提案している点にあります。自らが進んで連携先を探している姿勢も戦略的だといえます。
次に紹介する電子部品メーカー・開発部門のマネジャーは、他部門や外部組織が関わるプロジェクトへ参加することで、連携型の仕事を獲得しています。

「重要な得意先向けのプロジェクトが海外の工場で発足されようとしていました。長期出張をして現地のチームを取りまとめ、量産に向けた品質管理体制を確立することが目的です。得意先や社内における他機能のチームとも旺盛に関わらざるをえないという理由から、当該プロジェクトに部下を参画させることを決めました。負担も大きかったため、部下のキャリアや今後の成長にとても有意義であることを腹落ちするまで働きかけました」

このように、組織内にある「他部門や顧客組織との連携のチャンス」を把握し、活用するという方法もあります。部下の成長ゴールを示すことで納得させている点も見逃せません。

次に紹介するのは、顧客の苦情・相談を担当する保険会社・管理部門の事例です。

「苦情があった場合に、各部門を横断して対応できる体制をつくることを目指し、その窓口担当を部下に任せました。多様な部門が集まる会議の前に情報収集をさせ、提案書をつくらせ、会議資料も作成させました。他部署との折衝を任せることで、自部門や他部署の見解や方針の違いを把握することができ、満足のいく苦情対応システムを構築することができました」

これは、苦情対応を自部門だけで実施するのではなく、関連部門を巻き込むことで、結果的に連携の業務を創り出している例です。自分が管轄している部門の本質を考え、他部門とのつながりを発見することが大切になります。

他部門だけではなく、複数の外部組織とのコラボレーションを企画し、実行しているケースもありました。自動車関連メーカー・技術部門の事例を見てみましょう。

「複数の大学が参加する基礎研究のコンソーシアムを3年前に立ち上げて運営してきましたが、立ち上げ初期から本人を同行させて進め方を例示し、約1年前からコンソーシアムの運営の大部分を任せるようにしました。まずは、大学関係者との付き合い方をＯＪＴで具体的に見せることを心がけ、運営を任せてからは会議等の事前準備の内容を吟味しました」

自らが立ち上げた外部組織との連携業務を、部下に任せた事例です。難易度の高い案件だけに、いきなり部下に任せるのではなく、まず自らが手本を見せて仕事の進め方を学ばせている点に注目してください。

エンゲストロームが提唱する「越境」の観点からも、自部門と他部門・外部組織を「つなぐ」ジョブ・クラフティングが重要になります。

「わたす」（役割の移行）

先ほどの、大学間コンソーシアムを立ち上げたマネジャーも、ある時期から業務を部下に渡していました。自分の仕事、あるいはベテランや上位者の仕事を、その下の部下に「わたす」ことが第2の仕事の創り方です。

しかし、**「自分がやったほうが速く確実だ」「部下に任せるのは不安だ」**という理由で、マネジメント業務を抱え込み、なかなか**「わたす」勇気を持てない**マネジャーも多いのではないでしょうか。

育て上手のマネジャーが、どのような工夫をして、仕事を部下に「わたし」ているかを見てみましょう。

ＩＴ企業・営業部門のマネジャーは、次のように語っています。

「大型の広告契約を獲得するために特殊営業チームをつくり、部下にそのリーダーを任せました。マネジャーである私が具体的に指揮を執って進めるという選択肢もありましたが、成長を期待したい部下に託してみることにしました。まずは部下と対話を繰り返すことで、心理的負担を軽減しました。次に、上位レイヤーの役職者たちを集めて後ろ盾になってもらえるよう頼み、いつでも相談できるような環境を整えました」

部下と対話をしたり、相談体制を整えることで心理的安全を高めている点が印象的です。

次のケースも、マネジャー自身の仕事を部下に任せています。

「私の業務として、米国での新製品立ち上げ時の原価管理がありましたが、管理職候補である部下をリーダーに指名し、関係部署を巻き込んで目標コストのめどをつけてもらいました。事前にメンバーの特徴を伝えた上で、メンバーの意見を聞きながら進めるように指導しました」（自動車関連メーカー・管理部門）

これらの事例では、自分のマネジメント業務を期待する部下に渡すことで、成長のチャンスを与えています。その際、ただ仕事を渡すのではなく、先の見通しを示しながら、サポート体制を整えている点に注目してください。

次に、より上位者が担当すべき業務を下位メンバーに任せている2つのケースを見てみましょう。

「本来であれば課長クラスが取りまとめる業務効率化プロジェクトでしたが、中堅の部下をプロジェクトリーダーとして抜擢しました。関連する役員やマネジャーには事前に根回ししたり、同席しフォローする体制をとりました」（物流会社・事務部門）

「商品開発、事業企画、製造など他の多くの機能スタッフとの協力体制が求められる、新しい材料開発に取り組ませました。本来は部長クラスの業務でしたが、すべてのシナリオを描かせ、必要な段取りの準備も任せました。関係部門には事前に根回しをしました。また、上位者との交渉の進め方についての相談にも応じ、注意点を教えました。また、必要に応じて、説明したことを実行して見せるようにしました」（電子部品メーカー・開発部門）

両事例とも、「本来であればマネジャーが行うべき仕事」を中堅社員に担当させています。その際、チャレンジングな業務であるがゆえに、「根回し」「同席」「手本を見せること」を通して部下をしっかりとフォローしている点も共通しています。

次に紹介する保険会社・事務部門のマネジャーは、組織を再編することで、自分自身が担ってきた

「部下育成」の一部を中堅社員に与えています。

「チーム編成を変更し、課長になる手前の段階でマネジメントを経験できる組織としました。部下をチーム・リーダーとして、私の補佐を任せ、業務のみならず、チームメンバーの育成や指導にあたらせました。任せる際には『管理職になったときにどんな指導をしたらいいか、今のうちに体験すると後で必ず役に立つ』と指導しました」

組織再編・チーム再編によって、マネジャー自身の業務の一部を「わたし」、マネジメントの補佐をさせている事例です。部下目線で成長ゴールを示していることにも注目してください。

「つくる」(新たな役割づくり)

育て上手のマネジャーは、自部門の中長期的な課題を意識しつつ、新しいチームやユニットを「つくり」、中堅社員に任せることで、彼らのマネジメント能力を高めていました。

「そんなに都合よく挑戦的業務があるわけではない」と考えるマネジャーの多くは、「今の状態を所与」と見なす傾向があります。それに対し、育て上手のマネジャーは、**積極的に自分の組織を再編し、戦略的な思考で新しい業務や役割を「つくり」出しています。**

次に紹介するＩＴ企業・企画部のマネジャーは、自身が未経験の新しいチームを設置し、部下に委ねています。

「中堅の部下との良い関係性をつくるために対話を重ね、彼が専門職プレーヤーよりもマネジャーに重心を移していきたいという意向を聞き出すことができました。そこで、組織改編をきっかけに、これまで自分があまり経験してこなかった領域のチームをつくり、そのマネジメントを任せました。その後、チームから一歩引いて観察するようにうながしたり、１つ上のレイヤー・ユニットのミッションについて一緒に考えてもらうなど、視座を高く、視野を広く持つための問いかけを増やしました」

この事例では、部下のキャリアゴールを確認した上で、新たな業務を創出している点が優れています。工作機器メーカー・開発部門のマネジャーは、戦略的な観点から新たなチームをつくり、部下をリーダーに指名していました。

「特定の技術や開発戦略を策定するチームを新たにつくり、部下をリーダーとして指名しました。この技術についての特許戦略が明確ではないので、これを策定させる業務をリードさせ達成しています。あまり、細かいことに口出しをせず、マイルストーン毎にできばえを確認し、アドバイスを与える形の支援としました」

自動車関連メーカー・技術部マネジャーも、技術戦略の面から、新ユニットを新設しています。

「技術融合の必要性から、異なる技術を有する複数のユニットに横串を通したシステム企画部門を新たに設置し、部下をリーダーとしました。企画部門設置の約半年前から本人と個人的な面談を重ねて、業務における課題と、本人のキャリアプランの関係を明確にしました」

いずれのケースも、部門の将来を見すえた「戦略的」な観点から仕事を「つくって」います。また、部下のキャリアについて対話を重ねたり、本人の自主性を尊重しつつサポートしている点でも、これまで見てきた育て上手のマネジャーと共通しています。

次の事例では、部門内の組織再編という機会を利用して、人材育成の役割を「つくって」います。

「課内の業務再編を機に、技術面で実務能力に欠ける若手社員を指導する役割を与えました。まず、仕事を任せた部下が、指導対象である若手社員のあるべき姿をはっきりととらえているかを確認しました。その上で、本人の視点から対象の若手社員を分析してもらうとともに、管理職自身の分析結果を伝え、若手社員が目指すべき像を事前に共有しました」（自動車関連メーカー・技術部門）

このように、新たに「つくる」仕事は、各部門の事情や、マネジャーの持つ戦略によってさまざまです。注目したいことは、組織の再編をきっかけに新たな役割やチームを創設し、仕事を任せた後も、しっかりと部下をフォローしていることです。この点については、第3〜5章で紹介した育て上手のマネジャーの指導と共通しています。

まとめ

本章では、①中堅社員の成長をうながす業務リストと、②業務を創り出す方法を紹介しました。

まず、２つの業務リストを参考にして、成長をうながす業務が職場にあるかどうかを探してみてください。

見つからないときには、「つなぎ」「わたし」「つくり」ながら、ジョブ・クラフティングし、業務を創り出す必要があります。

なお、これまで紹介した事例を見ると、「つなぐ（他部門・外部組織との協働）」「つくる（新たな役割づくり）」「わたす（役割の移行）」という仕事創出方法がオーバーラップしているケースが多いことに気づきます。

つまり、他部門や外部組織と自部門を「つなぎ」ながら、新たなプロジェクトや業務を「つくり」、本来はマネジャークラスが担当する仕事を中堅社員に「わたす」という事例が多いのです。

本章の事例を参考に、「仕事の創造力」を高めてください。

第6章のまとめ

本章では、成長をうながす仕事の創り方について検討しました。ポイントは以下の通りです。

つなぐ（他との協働）

□ 他部門に対し、新たなプロジェクトを提案している
□ 本部から提供された機会を活用している
□ 顧客や取引先と連携している

わたす（役割の移行）

□ 上位者が実施する業務を与えている
□ 自身の管理的業務を与えている

つくる（新たな役割づくり）

□ 部内で新しいチームや業務を設置している
□ 上司と協議し、新しいチームや業務を設置している

第7章

補完スキル2
成長をうながすリフレクション支援

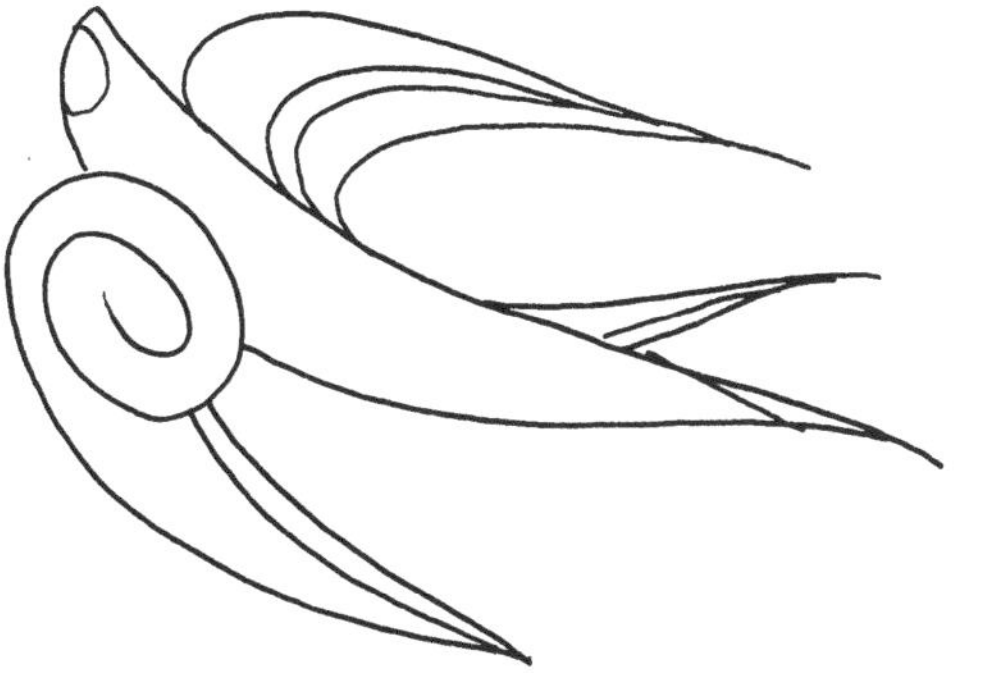

Leadership for Experiential Learning

経験から学ぶ上で重要なプロセスは「リフレクション」、つまり「振り返り」です。

第4章で詳しく検討したように、失敗だけでなく成功も振り返らせることが、育て上手の特徴でした。

本章では、この「リフレクション」の方法を深めて、どのような「振り返らせ方」が部下の成長をうながすかについて解説します。

多くのマネジャーが陥りやすい問題は、部下と一緒に振り返るとき、

「なぜ失敗したと思う？」

「これからどうする？」


という形で、いきなり「評価」モードに入ってしまうことです。

育て上手のマネジャーは、部下の行動や成果を評価する前に、入念な準備作業をします。それは、

「何が起こったのかな？」

「そのとき、どう感じた？」


を問うことです。

つまり、**事実**を**確認**してから、部下本人の**感情**を**整理**させた後に、「なぜそのようなことが起こったのか」「今後、どうすべきか」という**分析・評価**のステップに入るのです。

図表7-1：リフレクション支援の3ステップ

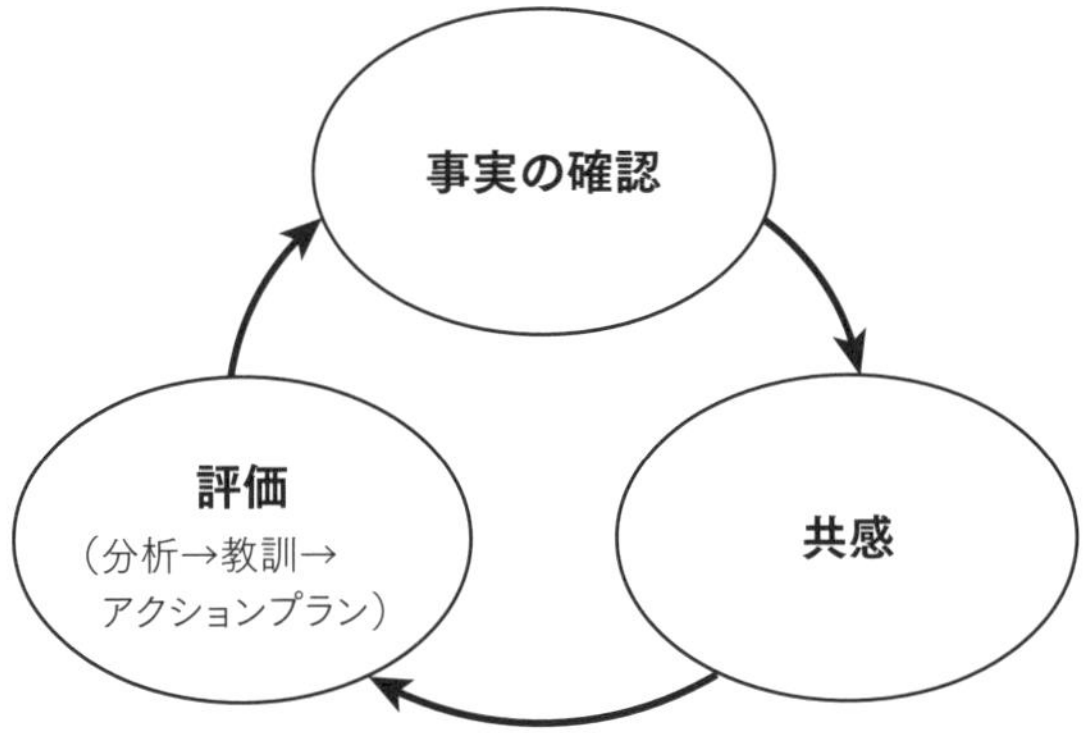

本章では、「事実の確認」「共感」「評価」の3ステップから成るリフレクション・モデルを紹介した後、職場においてリフレクションを支援することができる5分間エクササイズを紹介します。

「事実の確認→共感→評価」の3ステップモデル

本書では、リフレクションに関する実践家・研究者であるグラハム・ギブスの考え方を参考に、[82] 図表7－1に示すようなリフレクション支援の3ステップモデルを提唱したいと思います。[83]すなわち、部下が特定の出来事を経験した際に、①部下と一緒に事実を確認し（事実の確認）、②部下が感じたことに共感し（共感）、③その上で、何が良くて何が悪かったのかを評価し学びを引き出す（評価）、というモデルです。

ちなみに、「評価」ステップには、「現状を分析して（分析）、教訓を出し（教訓）、次につなげる（アクションプラン）」ことが含まれています。

ここで指摘しておきたいことは、冒頭でも述べたように、マネジャーが部下の振り返りを支援する際、第1ステップの「事実の確認」と第2ステップの「共感」をとばして、いきなり第3ステップの「評価」をしてしまいがちだということです。

「事実の確認」と「共感」のステップを踏むことで、はじめて適切な「評価」が可能になります。

なぜ「事実の確認」と「共感」のステップが重要になるのでしょうか？

それは、これまでの研究によって、人間は、自分の信念、期待、仮説に合うような事実や証拠を探し解釈する「確証バイアス」を持っていることや[84]、「否定的な感情」が個人の意思決定を歪めたり、内省を妨げることが指摘されているからです[85]。

つまり、できるだけ客観的に事実を把握し、感情を整理することは、適切な学びを引き出す上で欠かせないのです。

以下では、このモデルを理解するために2つの事例を紹介します。

事例1：共感が学びを引き出す

訪問看護ステーションに勤務する男性看護師が主人公です。

この訪問看護師は、あるとき女性利用者から「来ないでほしい」というクレームを受けてしまいます。上司である所長に相談したところ、「性別が違うから、しょうがないよね」と言われましたが、本人の中にはモヤモヤが残りました。

その後、再び同じようなクレームがあり、その内容は、本人にとって身に覚えのないものだったそうです。

再び所長に相談したところ、「プロセスレコード」という看護行動を記録したものを書くように言われ、所内のメンバー全員を集めて、クレーム事例を話し合う場を設けてくれました。

まず男性看護師は、看護記録をもとに、訪問看護時に何があったかの事実を報告し、そのときに感じたことも説明しました。

そこで彼が嬉しかったことは、「それはつらいよね」「やり切れないね」と、自分の考え方に共感してもらえたことや、皆が一緒に考えてくれたことでした。

その後、他のメンバーからいろいろなフィードバックやアドバイスをもらいました。すると、初めは「自分に落ち度はない」と考えていた男性看護師の考え方が変化し、「利用者さんはこう考えたのかな」「こうすればよかったのかな」と、自分の看護の問題点や、修正すべき点も見えてきたのです。

この事例をリフレクションの3ステップモデルに当てはめて考えてみましょう。

まず、①訪問看護時に何が起こったのか「事実を確認」し、②男性看護師がどのように感じていたのかを説明した後、他のメンバーがそれに「共感」し、③その後、何が問題であり、今後の看護では何に気をつければよいか「評価」をしています。①と②のステップを踏んだからこそ③にたどり着けたといえます。

『はじめての後輩指導』（日本経団連出版）の著者である田中淳子氏は、同書の中で、次のようなご自身の事例を紹介しています。

「こんなことがありました。後輩からメールがきました。『最近、やる気が低迷しています。何をやってもうまくいかないし、真剣にやればあちこち壁にぶつかるし。この間の案件も…』。普段は明るく元気な人です。部署内ではベテランの部類に入る彼がこんなふうに愚痴るのはよほどのことだろうと考え、私はこう返信しました。

『その気持ち、わかる』

後で聞くと、この一言に彼はぐっときたそうです。なんだか悶々とした気持ちを抱えているときに、『気持ち、わかる』というメールがきて、すごく救われたとのことでした」[86]

この事例からも「事実を聞き、共感する」ことの大切さが伝わってきます。

事例2：メモしながら聞き切る

拙著『「経験学習」入門』でも紹介しましたが、次の外資系保険会社のマネジャーは、メモをとることで「事実の確認」と「共感」のステップを確実に実行しています。話を聞いてみましょう。

「ミーティングでは、相手の話を聞くことですね。Listen, Listen, Listenです。そして、聞いているときはできるだけメモをとる。真剣に聞きます。

しっかり聞いて、『聞き切った』と思えた後にちょっとアドバイスします。しっかり聞いた後にアドバイスすると、その内容がスーッと相手の心に入りますが、聞き切らないうちにアドバイスすると心に入りません。相手の立場になり切ることです。

『なぜ、なぜ』と責める質問ばかりしていては相手を袋小路に追い込んでしまうので注意が必要です。ただ、間違っているな、ズレているな、と感じたら『どうしたらいいと思う?』と聞くようにしています。

ズレているなと思っても、その場で指摘せず、メモをとっておいて後からアドバイスします。料理長が最後に一つまみ味付けするだけで料理が引き締まるように、ちょっとだけサジェスチョンする。

その際、自分で決めさせることが大切です。そして、後で『あれ、どうなった?』『上手く対応できている?』とモニタリングします。これは部下にとって結構キツイことですよ」

この事例を見ると、聞いたことをメモすることで「事実を確認」し、相手の立場になり切ることで「共感」していることがわかります。そして、相手の話を聞き切った後に「評価」しています。その際、「自分で決めさせる」ことで、アクションプランへのコミットメントを高めていることがわかります。

成功・失敗パターンから学ぶ

この3ステップそれぞれにおいて、どのようなことに気をつけながら指導をすればよいのでしょうか。この点を明らかにするために、看護マネジャー（68名）を対象に自由記述式調査を実施した結果が図表7－2です。

図表7-2：リフレクション支援の成功・失敗パターン

	事実の確認	共感	評価
成功 パターン	・**時系列で具体的場面**を語らせる ・どのように**考え、行動**したかを聞く ・本人の言葉で**語るまで待つ**	・リラックスできる環境で**感情を表出**させる ・**うなずき、反復**し、否定せずに聞く ・**つらさ、戸惑い、不安**を共感する	・失敗しても**取り組み姿勢**を評価する ・**良い点を伝えて**から問題点を伝える ・**期待しながら**、改善をうながす
失敗 パターン	・話を**聞く前に**問題を指摘する ・言語化できない部下を**待てない** ・相手の発言に**感情的になる**	・**ネガティブな感情**のために、共感できない ・発言に**納得できず**共感できない ・共感できる部分を**探していない**	・**課題や問題点のみ**を指摘してしまう ・**良い点を見る気持ち**になれない ・**「あるべき姿」**にとらわれてしまう

部下指導の成功事例と失敗事例を、「事実の確認」→「共感」→「評価」という3ステップ毎に記述してもらい、その内容を分析したところ、リフレクションの成功パターンと失敗パターンが明らかになりました（図表7－2）[87]。

①事実の確認

事実の確認のステップに関して、部下指導に成功した事例では、

「時系列で具体的場面を語らせ」

「どのように考え、行動したかを聞き」

「本人の言葉で語るまで待って」いました。

これに対し、失敗した事例では、

「話を聞く前に問題を指摘し」

「言語化できない部下を待てず」

「相手の発言に感情的になって」しまう傾向が見られました。

②共感

共感のステップについて、成功事例では、

「リラックスできる環境で、感情を表出させ」

「うなずき、反復し、否定せずに聞き」

「つらさ、戸惑い、不安を共感して」いたのに対し、

失敗事例では、

「部下に対してネガティブな感情を抱き」

「発言に納得できず」

「共感できる部分を探していない」ために共感できないというパターンが見られました。

③評価

評価のステップに関して、成功事例では、

「失敗しても取り組み姿勢を評価し」

「良い点を伝えてから問題点を伝え」

「期待しながら、改善をうながして」いるのに対し、

失敗事例では、

「課題や問題点のみを指摘し」
「そもそも良い点を見る気持ちになれず」
「『こうあるべき』という姿にとらわれてしまい」良い点や期待を伝えることができない傾向にありました。

この結果から、リフレクション支援のポイントは、自分自身の感情コントロールであることがわかります。「対する関係」ではなく、「並ぶ関係」になり、まず部下の側に立ち、事実を確認し、部下の感情を理解するとき、適切な評価を下すことができるのです。

育て上手による「事実の確認」「共感」「評価」

ここで、「事実の確認」「共感」「評価」の大切さに言及している育て上手の事例を紹介します。化学メーカー・人事部のマネジャーは、事実を確認することの大切さを次のように述べています。

「普段から職場をぐるぐる回って『あれってどうなってるの?』などを聞き、何が起こっているのかを把握しています。

というのは、なるべく締め切りの前の段階で本人に考えてもらう必要があるからです。締め切りギリギリだと介入せざるをえなくなり、部下がやり切った感がなくなります。

事実を確認するにしても、上司側から歩み寄らないと話してくれません。つまらない話を含めて雑談することで、発言のハードルが下がり、大事な出来事を話してくれるようになります。その後で、ヒントを与えながら、本人が自分で問題に気づくように指導しています」

このコメントからわかるように、なるべく時間的余裕があるうちに事実を確認し、部下本人に考えさせることが重要です。

同様に、商社・営業部のマネジャーも、事実の確認や共感のステップを大切にしていました。

「個人面談では、とにかく聴くようにしています。自分から話したくなりますが、まずはいったん聴いて、部下が何を考えているのか、何を感じているのか、温度感を合わせます。つまり、相手が話を聞いてもらいたいだけなのか、解決策を求めているのかを表情で探っています」

「温度感を合わせる」という言葉にあるように、このマネジャーは部下の立場に寄り添って、部下の気持ちを理解しようと努めていることがわかります。

「評価」のステップにおいても、寄り添いながら共に考えることがポイントです。電機メーカー・商品開発部のマネジャーの声を聞いてみましょう。

「『なぜ、なぜ』という質問をする場合には、相手を問い詰めるのではなく、『どうして〜なんだろうね？』と一緒に考える姿勢を心がけています。

仕事によっては部下のほうが経験豊富であるケースもありますし、『自分が知りたい』『教えてほしい』と考えています。

『なるほど』『そうなんだ』と返信することで、一緒に考えるスタンスになります」

このマネジャーも、「対する関係」ではなく「並ぶ関係」を意識しながら、部下とともに経験を「評価」しています。リフレクションを支援する際には、こうした「立ち位置」も考慮に入れる必要があります。

ホワイトボードやソフトウェアで可視化する

なお、すでに指摘したように、人間は感情によって思考が流されやすく、視点が狭くなりがちです。そうしたバイアスをなるべく少なくして、リフレクションを支援するのに有効なツールは、ホワイトボードや可視化ソフトの使用です。
自分の思考や行動を客観的にとらえる活動を「メタ認知」と呼びますが[88]、このメタ認知を活性化するのに有効なのが、思考プロセスを映像・文字・図形で表す「可視化（見える化）」だといわれています。[89]
第5章で紹介した化学メーカー・営業部のマネジャーも「同じボードを見ながら意見を出し合うと、部下も主体的に関わることができると思います」と述べていました。

ガス会社・営業部門のマネジャーは、部門のミーティングの際に「マインドマップ」と呼ばれるソフトウェアを利用していました。

「双方向でコミュニケーションしたいので、ミーティングでは、マインドマップというソフトを使い、進捗状況をプロジェクターに映して全員が画面で共有できるようにしています。

まずは会社全体、部門全体の方向性を伝えて、自分の役割について考えてもらい、その後、『悩んでいることがないか』『背負っていることがないか』『頭の中に何があるか』を教えてもらいます。

このツールを使用することで『AさんとBさんはここでつながっているよね』『この業務は、他部門のこの業務と関係しているね』といったことがわかります。

マインドマップは、皆の頭の中を整理し共有するのに便利です。役割や業務の構造をチャート図で示すことで、全体を俯瞰できますし、記録が残るので、時系列で仕事の流れを把握することが可能になります」

この事例のように、リフレクションの内容を記録に残すことは、事実をしっかりと確認しながら業務を振り返ることにつながります。

また、必要以上に自分を責める「自責型」の人や、他人を責めがちな「他責型」のメンバーの振り返りをうながす際には、「自分」「他者」「状況」といった項目をあらかじめホワイトボードやソフトウェアに書き込み、それぞれについて振り返ることで、バランスのとれたリフレクションが可能になります。

コラム

ガードレール型の指導

リフレクションを支援する際に重要なことは、部下の振り返る力です。自分自身で深く振り返ることができる人もいれば、そうした力が弱い人もいます。

では、リフレクション力が弱い人に対して、どのような指導をしたらよいでしょうか?

その答えは「ガードレール型の指導」です。

この指導方法は、古くから教育学の世界で提唱されてきたものですが、ここで少し解説しておきましょう。

教育学では、指導方法を次の3タイプに分類しています[90]。

①線路型
②放牧型
③ガードレール型

線路型は、「この通りにしなさい」と具体的なやり方を教える方法です。業務に慣れていない段階では必要ですが、常にこの指導法をとると、部下は自分で考えることをせずに、受け身になる恐れがあります。

一方、放牧型は、アドバイスや説明をせずに、すべてを部下に考えさせる、いわゆる「丸投げ型の指導」です。素質や力量のある部下であれば伸びる可能性がありますが、平均的な人材だと対応できないケースが多いといえます。

そして、ガードレール型は、「こういうふうに考えてみたら？」「例えば、この点はどうなっているんだろうね？」などの方向性やヒントを与えながら考えさせる指導です。

仕事を振り返る力が弱い人に対しては、ガードレールを狭く設定し、答えを出すギリギリ手前のヒントを出しながら、その範囲で走ってもらうことが有効です。

そして、振り返る力がついてきたら、徐々にガードレールの幅を広くして、大まかなヒントやアドバイスにとどめて、自分の力で考えてもらうというアプローチになります。

この点について、商社・営業部のマネジャーは次のように語っています。

「引き出しがない状態の人に『考えろ』と言っても何も出てこないので、『これはこうなんだよ』と教えてから、『じゃあこれを考えてください』と指導しています。逆に、考えてもらって答えが出そうな部下の場合には、時間をかけて待ちます」

同様に、自動車関連メーカー・製造部のマネジャーも次のようにコメントしています。

「『すべて君が考えろ』だけでは、考えるようになりません。『こういう考え方もあるだろう』とか『例えばさ』などヒントを与えます。『課長はよく『例えば』を使いますね』と部下から言われます。すべてを考えさせるだけでなく、部下の力量を見極めながら、一緒に考えることが大事です」

以上のように、部下のリフレクション力によってガードレールを設定し、サポートしつつも、本人の力でやり切った感覚を持たせることがポイントになります。

このとき注意しなければならないのは「線路」を敷いてはいけないということです。先ほど指摘したように、線路を敷いてしまうと、何も考えずに部下がその上を走ることになり、成長につながりにくいからです[91]。あくまでも「考える余地」を残すことが大事になります。

手軽にできる5分間リフレクション・エクササイズ

「事実の確認」「共感」「評価」の3ステップから成るリフレクションモデルのうち、どうしても「事実の確認」と「共感」をスキップして、いきなり「評価」してしまいがちです。

そこで、「事実の確認」と「共感」をしっかりと支援するためのエクササイズを紹介します（このエクササイズはＷＤＢ社が実践しているプログラムを改良したものです）[92]。

流れは**図表7-3**に示したように、シンプルです。まず、職場内で2人ペアをつくります。次に、最

図表7-3：5分間リフレクション・エクササイズ（基本バージョン）

職場の中で2人ペアをつくる

↓

最近1か月の間で印象に残った出来事を1つ選び
「経験したこと、学んだこと」を思い出す（1分間）

↓

まず1人が、「経験したこと、学んだこと」を語る（2分間）

↓

次にもう1人が、「経験したこと、学んだこと」を語る（2分間）

近1か月を振り返り、印象に残った出来事を1つ選び、「経験したこと、学んだこと」を1分間で思い出します。このステップは個人作業です。

次に、ペアの1人が、「経験したこと、学んだこと」を2分間で説明します。聞き手は、起こった出来事や教訓について黙って聞き、その内容に共感してあげてください。

2分経った時点で交代し、もう1人が「経験したこと、学んだこと」を2分間で説明します。

このエクササイズを実行することで、「経験したこと」を「振り返り」「教訓を引き出す」という経験学習サイクルを回すことができます。「教訓を次に応用する」というステップは含まれていませんが、エクササイズ後に各人が実行してください。

なお、時間を5分に設定した理由は、短時間で手軽に実施することで仕事の振り返りを習慣化するためです。

私は、さまざまな研修の機会にこのエクササイズを実施していますが、5分間で業務を振り返ることは十分可能です。

エクササイズを実施する際の留意点は、すでに述べたように、聞き手は、事実を聞き、共感することに専念することです。話し手の説明内容を批判することは避けてください。つまり、まず本人が経験を振り返り、学びを引き出すことが主目的であり、聞く側は「傾聴」と「共感」を心がけることが大切になります。

エクササイズの実践例1（基本バージョン）

ここで、ある化学メーカー・人事部において実践したエクササイズの結果を紹介します。以下は、参加したメンバーの「経験と教訓」の内容です（読みやすさを重視し、文章は「です・ます調」に統一しています）。

ケース①：40代のマネジャー

役員からスピーチ原稿を頼まれたので、仕上がった原稿を渡したところ「ちょっと違うな」と突き返されました。このとき、あらかじめ言いたいことをしっかりと聞いてから書くべきであったと反省しました。何事も、相手の意図を把握してから仕事を実行すべきであることを改めて学ぶことができました。

ケース②：5年目の中堅社員

海外の関連会社とやりとりをしているのですが、先方は業務の詳細を知りたがります。「そこまで知る必要はないのではないか」と感じ、なぜ詳細な情報を知りたいのか、その理由を聞いたところ、その関連会社の考え方や価値観を理解することができました。異なる文化で働く人と協働する際には、まず彼らの価値観やものの見方を知ることが大切になると思いました。

ケース③：2年目の若手社員

インターンシップの運営を担当し、自分としては良い出来だと思っていましたが、他部門の人からフィードバックをもらったところ、いろいろと取りこぼしがあったことがわかりました。他の人から見た情報を得ることが、仕事の質を改善するためにも必要になると感じました。

これら3つのケースにおいて注目すべきことは、ある特定の業務の経験を振り返ることで、他の業務にも適用できる教訓を引き出している点です。

短い時間であっても、学んだことを一般化し、幅広い活動に応用できる教訓を引き出すことが鍵となります。

これまでの研究では、個人的に仕事を振り返るだけでなく、職場においてメンバー同士が業務を振り返る習慣を持つことで、職場全体の学習や業績が高まることがわかっています。[93] 職場力を高めるためにも、このエクササイズを取り入れることをおすすめします。

エクササイズの実践例2（理念バージョン）

なお、リフレクション・エクササイズは、さまざまなテーマで実践することができます。例えば、組織や部門の理念やビジョンに基づいた行動を振り返ることで、メンバーの成長だけでなく、組織における理念・ビジョンを浸透させることも可能になります。

前記の化学メーカーは、「不撓不屈《ふとうふくつ》」（どんな苦労や困難に直面しても、強い意志を持ってやり抜くこと）という考え方を伝統的に大切にしていますが、この理念に沿った行動を振り返ったエクササイズの結果を紹介しましょう。なお、テーマが異なるだけで、基本的な手続きは同じです（図表7－4）。

ケース④：40代のマネジャー

顧客との交渉で一度は決裂宣言をされてしまいました。しかし、関係者にヒアリングして問題点や情報を聞き取りして再交渉を申し入れたところ、結果的にまとめあげることができました。

ケース⑤：3年目の若手社員

派遣法が改正されたため、派遣業務が混乱し、業者とのやりとりが大変でした。しかし、法改正についてさまざまな情報を収集し、対応方法を工夫したところ、派遣業務がスムーズに進むようになりました。

図表7-4：5分間リフレクション・エクササイズ（理念バージョン）

職場の中で2人ペアをつくる

↓

最近1か月の間で理念に沿った行動を1つ選び
「経験したこと、学んだこと」を思い出す（1分間）

↓

まず1人が、「経験したこと、学んだこと」を語る（2分間）

↓

次にもう1人が、「経験したこと、学んだこと」を語る（2分間）

ケース⑥：2年目の若手社員

社内研修の公募をしたところ予想以上の応募があり、予定していた会場に入り切れないことがわかりました。そこで、会場のレイアウト等を工夫した結果、スペースを確保することができ、何とか研修を開催することができました。

レベルの差こそあれ、前記のケースは「不撓不屈」という理念を体現したものとなっています。このように、理念という振り返りの「軸」や「基準」を設定することで、リフレクションに方向性が生まれ、チームや組織の理念の浸透・定着にもつながります。

こうした理念に基づく振り返りを実践しているのが、高いサービスクオリティで有名なリッツ・カールトンホテルです。同ホテルでは、「クレド」と呼ばれるサービス理念に基づいて、毎朝、従業員がサービス経験を振り返ることで、理念を共有しています[94]。

エクササイズの実践例3(プライベート・バージョン)

最後に、各人のプライベート生活を振り返るエクササイズを紹介します(図表7-5)。このエクササイズの目的は、学びの共有よりも、**相互理解の促進**にあります。職場メンバーのプライベート面を知ることによって、各人の考え方や価値観を知ることができ、職場における関係性を強化することができます。

なお、このエクササイズは、必ずしも「教訓の抽出」は必要ではなく、「少し嬉しかった経験」を語るだけでかまいません。前記の化学メーカーにおいて実践したエクササイズの結果を紹介しましょう。

ケース⑦:40代のマネジャー

1歳の息子が伝い歩きをしているのですが、すぐに転びます。ただ、よく見ると一度転んだ箇所では転ばないことがわかり、小さいなりに学習していると思いました。

ケース⑧:5年目の中堅社員

今年の1月に結婚しましたが、最近、弁当を自分でつくっています。初めはネットでレシピを見ていましたが、今では自分でアレンジできるようになり、腕が上がったなと感じています。

図表7-5：5分間リフレクション・エクササイズ（プライベート・バージョン）

職場の中で2人ペアをつくる

↓

最近1か月の間でプライベートにおいて
「少し嬉しかった出来事」を思い出す（1分間）

↓

まず1人が、「少し嬉しかった出来事」を語る（2分間）

↓

次にもう1人が、「少し嬉しかった出来事」を語る（2分間）

ケース⑨：3年目の若手社員

大学時代にスカッシュをしていましたが、入社してからは実施する機会がありませんでした。最近、後輩が始めたのをきっかけに、自分もフィットネスジムに通いスカッシュを再開したところ、ジムで、40代、50代のスカッシュ仲間が声をかけてくれることが嬉しいです。

ケース⑩：2年目の若手社員

休日の夜10時、新人研修で関わった1年目の後輩から「飲みに来ませんか？」という誘いがありました。疲れていましたが、誘ってもらったことも嬉しかったし、ひさしぶりでもあったので飲みに出かけたところ、かなり楽しい時間を過ごすことができました。

これらのケースを見てもわかるように、プライベートの振り返りを共有することによって、お互いの関心や価値観を知ることができます。

「小さいお子さんをかわいがっている子煩悩なお父さ

ん」「こまめに料理をする新婚の旦那さん」「スポーツジムで年長の仲間ができた若者」「後輩思いでフットワークが軽いおねえさん」といった、職場では見られない一面を知ることで、コミュニケーションが円滑になり、関係性も強化されるはずです。

お互いの価値観や考え方を理解することは、信頼関係を構築する第一歩ですが、プライベートの話の中に、その人の価値観や考え方が表れます。

マネジャーが若手社員に「休日は何をしているの？」と聞くと、「なぜプライベートに踏み込むのか」と警戒されてしまいますが、このセッションを利用すれば、気兼ねなくお互いを理解することができます。

プライベートを知る大切さ

プライベートの振り返りが大切になることを示す事例を1つ紹介しておきます。

ある病院で病棟を任されている看護マネジャーがいました。この病棟には、フルタイムの看護師のほかに、パートタイムや時短の看護師が勤務しています。

スタッフ全員で決めた病棟目標は、「さまざまな雇用形態であっても、いきいきとした職場づくり」でした。

しかし、「あの人たちが早く帰ってしまうので、私たちが夜勤をしなければならず、しわ寄せがくる」と陰で文句を言う人たちがいることがわかりました。

そこで、マネジャーは、スタッフ全員を集めて「ある一日」という振り返りをしました。具体的には、朝起きてから、仕事が終わり家に帰って寝るまでの一日を、各自が皆の前で説明したのです。「仕事が終わって家に帰り、缶ビールを飲むとき、一日が終わったと感じる」という若いスタッフもいれば、「家に帰って、夕飯の支度をして、子どもに食べさせ、洗濯をして、子どもを寝かしつけて、自分が寝るのは夜中の1時」という看護師もいます。また、介護が必要な親と同居している場合には、「夜中に何度も起こされるために、眠れない」というスタッフもいます。

この振り返りセッションの後、職場の空気が変わりました。「そういう生活をしているから、あの人は早く帰らなければいけないんだ」ということが理解できたからです。その後、この病棟では、「さまざまな雇用形態であっても、いきいきとした職場づくり」という目標に向かって、全員が積極的に取り組んでいます。

リフレクション・エクササイズの効果

ここで紹介したリフレクション・エクササイズの効果についてまとめておきましょう。このエクササイズによって期待される効果は以下の通りです。

①経験学習サイクルを回す習慣がつく
②会議前に実施すると、会議における発言が活発化する

③職場メンバーの相互理解が深まる
④短時間で話をまとめる力が身につく

第1に、週に1回、もしくは月に1回の割合で定期的にエクササイズを実施すれば、経験学習サイクルを回す習慣が身につきます。定例の会議やミーティングとセットにして実施することが有効です。

第2に、会議やミーティングの前にエクササイズを実施することで、メンバーが「発話モード」になり、会議やミーティングにおける発言が活発化するという効果もあります。某企業において類似のエクササイズを月1回の定例会議の前に実施したところ、会議における発言量が増え、発言内容がポジティブになったそうです[95]。

第3に、経験や教訓の話の中には、本人の考え方、関心、価値観が反映されていることから、エクササイズを通して職場メンバーの相互理解がうながされます。

第4に、2分間で「経験したこと、学んだこと」を話すことは、短い時間でコンパクトに話をまとめるトレーニングにもなります。

某病院の看護部長が月1回の管理者ミーティングの前にこのエクササイズを導入したところ、初めのうちは時間オーバーする人もいたようですが、5回くらい繰り返すと、全員が自分の経験を2分間で適切に伝えることができるようになったそうです。

職場に合わせたカスタマイズ

すでに述べたように、このエクササイズの主目的は、部下にとっては「経験したことを振り返り、教訓を引き出す」トレーニング、上司にとっては「事実を確認し」「共感」するトレーニングとなっています。

まずは時間を5分間に設定し、定例の会議やミーティングの前に実施することをおすすめします。5分間エクササイズを「準備体操」として位置づけることで、リフレクションを習慣化することができます。その際、職場メンバーの相互理解を促進するためにも、聞き手は、振り返りの内容を「評価」するのではなく、「傾聴し、共感する」ことを心がけてください。

なお、このエクササイズでは、「1分→2分→2分」という時間を設定していますが、この時間設定は変更してもかまいません。もう少し深く振り返りたい、対話する時間を増やしたいのであれば「2分→5分→5分」に設定するなど、職場の現状に合わせて時間を自由に設定してください。

さらに、リフレクションの対象となる経験の期間は、「5年間」「1年間」「半年」「3か月」「1か月」「1週間」というように自由に設定してもらってかまいません。

リフレクションのテーマとしては「モチベーションが上がった経験」「仕事上で苦労した経験」「修羅場経験」など、いくつかのバリエーションを持たせることで、幅広い経験を共有することができます。

なお、標準的な方法は2人ペアですが、時間に余裕があれば、3人、4人のグループで実践することも可能です。さらに、2人ペアのエクササイズ終了後に、1人あるいは2人が全員の前で経験学習の内容を話し、何らかのフィードバックをもらうという方法もあります。

また、エクササイズに慣れてきたら、開始前に「他者ばかりを責める他責型や、自分ばかりを責める自責型にならないように注意し、『自分、他者、状況』をバランスよく振り返るようにしましょう」と声をかけることで、リフレクション力をレベルアップすることができるでしょう。

以上のように、各職場の実情に合わせた形でエクササイズの方法を柔軟にカスタマイズしてください。

第7章のまとめ

本章では、成長をうながすリフレクション支援のあり方について検討しました。

①振り返りをうながす際には、以下の3ステップを踏んでください

事実の確認 → 共感 → 評価

②リフレクションの支援は「ガードレール型」にしましょう

○ ガードレール型
× 線路型
△ 放牧型（部下の力量次第）

③5分間リフレクション・エクササイズの流れは次の通りです

2人ペアをつくる → 経験したこと学んだことを思い出す → 経験したこと学んだことを語り合う

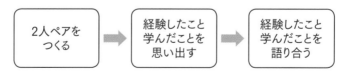

終章

まとめ

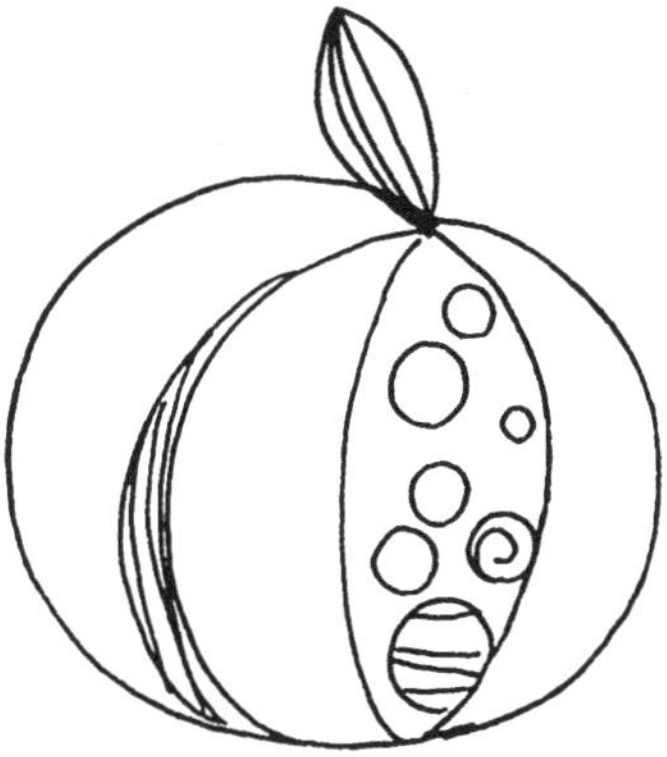

Leadership for Experiential Learning

本章では、これまでの内容を整理します。まず、全体のポイントを要約しましょう。

育て上手のマネジャーは次のような形で部下の強みを引き出し、成長をうながしていました。

①強みを探り、成長ゴールで仕事を意味づけている
②失敗だけでなく成功も振り返らせ、強みを引き出している
③中堅社員と連携しながら、思いを共有している

こうした指導に加えて、次のような工夫もしていました。

④「つなぐ」「わたす」「つくる」ことで仕事を創り出している
⑤「事実を確認し」「共感し」「評価する」ことで経験の振り返りをうながしている

そして、強みの伸ばし方には「深掘型」「拡張型」「是正型」の3タイプがありました。

以上の指導方法をまとめると、図表8－1のように表すことができます。この図に沿って、これまで述べてきたことを簡単に整理しておきます。

強み中心の指導

「強み中心の指導」は、ドラッカー経営学、ポジティブ心理学、西田哲学において重視されていました。

図表8-1：育て上手のマネジャーの指導方法（全体）

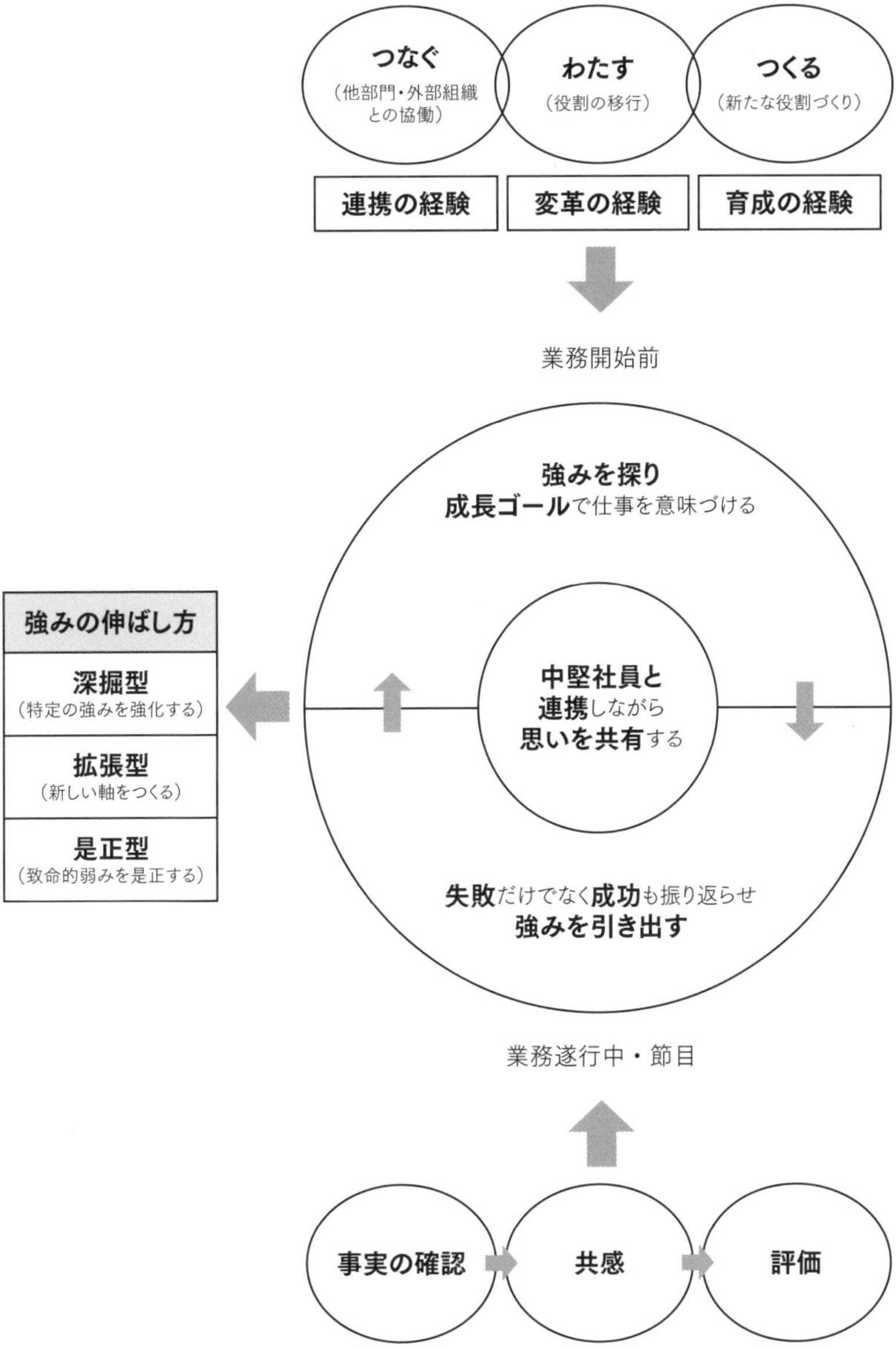

すなわち、人材の強みを引き出すことは、組織成果を高め（ドラッカー経営学）、人生における幸福につながり（ポジティブ心理学）、社会に善をもたらします（西田哲学）。こうしたアプローチは、管理職が部下をマネジメントするときにかぎらず、中堅社員が若手社員を指導するときや、若手社員が新人社員を教えるときにも有効です。

強みを引き出すアプローチには、次の3つの方法がありました。

・特定の強みを強化する「深掘型」
・新しい軸を増やし、スキルの幅を広げる「拡張型」
・軸となるスキルを阻害するような致命的な弱みを修正する「是正型」

どのアプローチをとるかは、部下のポテンシャル、キャリア段階、志向性によりますが、いずれの方法も、何らかの形で部下のストレッチ（挑戦する力）を引き出すものとなっています。

仕事を創り、任せる

人は、「経験→内省→教訓化→応用」のサイクルを通して経験から学びますが、特に「連携、変革、育成」の経験が人材の成長をうながします。

育て上手のマネジャーは、連携、変革、育成の業務を次のような方法で創り出していました。

・「つなぐ」（他部門や外部組織と協働したり、オファーを活用する）
・「わたす」（上位者や自身の管理業務を渡す）
・「つくる」（職場内で新しい業務やチームを設置する）

育て上手のマネジャーは、これら3つの方法を組み合わせることで、部下の成長をうながすストレッチ課題（挑戦的課題）を創っているのです。

強みを探り、成長ゴールで仕事を意味づける

創り上げた仕事を部下に任すときに大切なことは次の3点でした。

・潜在的な強みを探る
・期待して、成長ゴールで仕事を意味づける
・先を見せて、やり方を教える

まず、部下のポテンシャル、つまり、眠っている強みや、使われていない強みを探ります。

次に、組織目線の目標設定だけでなく、部下に期待しつつ、成長ゴールを示して、仕事を意味づける必要があります。

そして、仕事を丸投げしたり、精神論を説くのではなく、先の見通しをつけて、仕事の「ツボ」や

「ポイント」を指導することが有効です。

このような指導は、ストレッチ（挑戦）の中に、エンジョイメント（やりがいや意義）を組み込むアプローチといえます。

失敗だけでなく成功も振り返らせ、強みを引き出す

いざ業務が開始されたら、業務遂行中、もしくは業務の節目で「経験の振り返り」を支援します。このとき大事なことは、問題や失敗だけでなく、成功も振り返ることです。

具体的には、次のような指導法です。

・事実によって成功を振り返らせ、強みを確認する
・なぜ成功したかを振り返らせ、強みを引き出す
・同じ目線で振り返り、失敗を成功につなげる

育て上手のマネジャーは、事実やデータを記録しておき、それらに基づき成功を振り返り、部下の強みを確認していました。

また、なぜ成功したかを振り返ることで「成功の再現性」や「成功の拡張性」を高め、部下の強みを引き出していました。

なお、失敗や問題については、「対する関係」ではなく「並ぶ関係」を意識し、同じ目線で「どうし

ようか？」と問いかけ、成功に導くことが重要です。

こうしたアプローチは、リフレクション（振り返り）の中にエンジョイメント（やりがいや意義）を取り入れている指導であると考えられます。

中堅社員と連携しながら、思いを共有する

さまざまな業務がミドルマネジャーにのしかかっている今、すべてのリーダーシップ機能を1人のマネジャーが担う「英雄型リーダーシップ」には限界が来ています。そこで注目されているのが、複数のメンバーがリーダーシップ機能を分担する「共有型リーダーシップ」という考え方です。

育て上手のマネジャーも、中堅社員を前面に出しながら、共有型リーダーシップを実践していました。具体的には次の通りです。

・中堅社員を中心に職場を運営する
・メンバーの意見やアイデアを引き出す
・ビジョンや理念をつくり、共有する

育て上手のマネジャーは、会議やミーティングにおいて、自身は一歩引いた形で、議論の運営は中堅社員に任せていました。また、職場における中長期的な課題を認識するためにも、メンバーから将来の業務に関するアイデアを引き出しています。

さらにマネジャーは、メンバーとともにビジョンや理念をつくり、職場で共有することで、行動や活動の指針としていました。

こうしたアプローチは、経験から学ぶ力の中核である「思い」や「つながり」を強化する試みであるといえます。

「事実の確認」「共感」「評価」のリフレクション

経験から学ぶ鍵は、リフレクション（振り返り）です。育て上手のマネジャーは、次の3つのステップを踏みながら、部下のリフレクションを支援しています。

- ・事実を確認する
- ・共感する
- ・評価する

特に、「事実の確認」と「共感」のステップが、適切な評価を可能にします。

事実を確認する際には、時系列で具体的場面を語らせ、どのように考え、行動したかを本人の言葉で語るまで待つことが大切です。

共感ステップでは、リラックスできる環境で感情を出させ、うなずき、反復することで否定せずに聞く姿勢が求められます。

評価のステップでは、失敗しても取り組み姿勢を評価し、良い点を伝えてから問題点を伝え、期待しながら、改善をうながすことが有効です。

これら3つの点を押さえることが、学びを引き出すリフレクションの条件になります。

経験から学ぶ力を伸ばす指導方法

経験を通して成長するためには、「ストレッチ、リフレクション、エンジョイメント、思い、つながり」から成る「経験から学ぶ力」が必要になります。

つまり、高い目標に挑戦し（ストレッチ）、業務を適切に振り返り（リフレクション）、仕事にやりがいや意義を見つけ（エンジョイメント）、職場内外の人々と関係を持ちながら（つながり）、ビジョンや目標を意識して仕事をするとき（思い）、経験から学ぶことができます。

本書で紹介してきた、育て上手のマネジャーの指導は、まさに部下の「経験から学ぶ力」を高めるものとなっています。

具体的には、**図表8－2**（図表2－2を再掲）に示す通りです。

すなわち、育て上手のマネジャーは「成長ゴールにより経験を意味づける」ことで、ポジティブな形で「ストレッチ」させ、「失敗経験だけでなく成功経験も振り返らせる」ことで、バランスのとれた「リフレクション」を導いています。

そうした振り返りを通して「強みを認識」させることで「エンジョイメント」を引き出し、さら

図表8-2：経験学習リーダーシップ

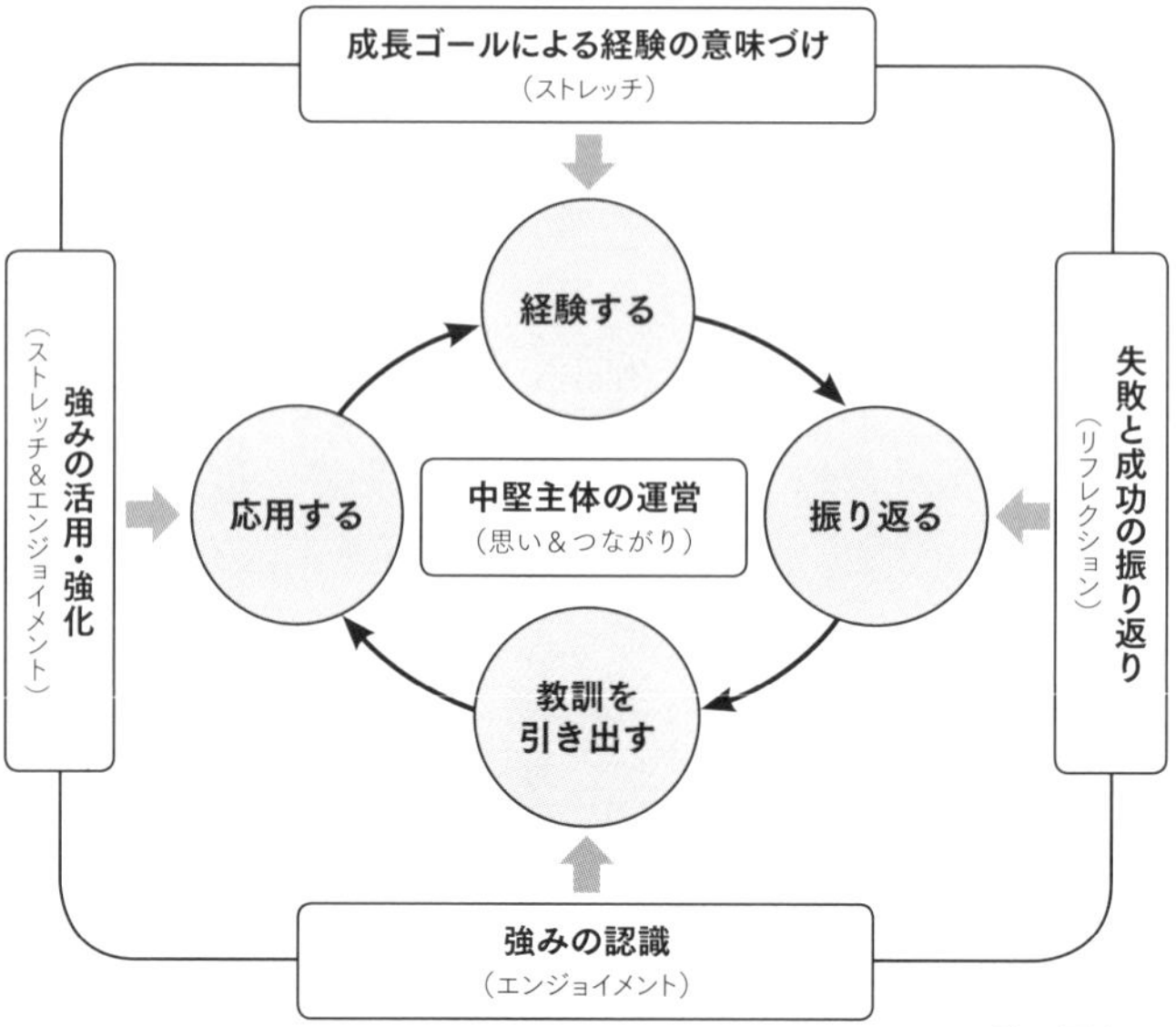

注：図表2-2再掲

に、その「強みを活用・強化」させることで、「エンジョイメント」と「ストレッチ」の両方を高めています。

そして、育て上手のマネジャーは、中堅社員を中心とした職場運営によって「思いを共有し、つながりを強化する」ことで、メンバー1人ひとりが主体的に働くことをうながしていました。

このように、優れた指導とは、部下や後輩が自分自身で経験から学ぶことを支援することなのです。

本書に書いてあることのすべてを一度に実行することは難しいといえます。まず、できるところから実践してみてください。

後輩や部下を指導する上で、本書がガイドラインの役割を果たすことができれば幸いです。

終章のまとめ

本章では、本書全体の内容を確認・整理しました。ポイントは以下の通りです。

育て上手の指導方法

- □ 強みを探り、成長ゴールで仕事を意味づける
- □ 失敗だけでなく成功も振り返らせ、強みを引き出す
- □ 中堅社員と連携しながら、思いを共有する

2つの補完スキル

- □「つなぎ」「わたし」「つくる」ことで仕事を創り出す
- □「事実を確認し」「共感し」「評価する」ことで経験の振り返りをうながす

強みの伸ばし方

- □ 特定の強みを強化する「深掘型」
- □ 新しい軸を増やす「拡張型」
- □ 致命的な弱みを修正する「是正型」

おわりに

２０１１年に拙著『「経験学習」入門』を上梓した後、「育て上手のマネジャー調査」を開始してから8年が過ぎました。その間の研究をまとめたものが本書です。

タイトルにもあるように、人材育成のエッセンスは、人材の持つ「強み」を引き出すことにあります。ただし、研究を始めた当初は「強み」の大切さに気づいていたわけではありませんでした。分析を進める上で、次第に「強み」の重要性が浮かび上がってきたのです。

この「強み」は、キリスト教において「賜物＝たまもの（gift）」と呼ばれています。つまり、神様からいただいた「ギフト」が強みなのです。

育て上手のマネジャーは、部下が生まれつき持っている才能や個性を開花させるために支援し、目に見える強みを引き出していました。

「はじめに」でも紹介したように、人材の強みを引き出すことはマネジャーの第一の務めであり（ドラッカー）、経営の根本です（本田宗一郎）。

さらに、持って生まれた強みや個性を生かすことが人生に幸福をもたらし（ポジティブ心理学）、社会における善につながります（西田幾多郎）。

みなさんの部下や後輩の強みを引き出す上で、本書が少しでも役立てば幸いです。

本書を執筆する過程では、多くの方々のご協力をいただきました。

草稿段階では、株式会社マネジメントサービスセンターの岸村勝史氏、辰井賢二氏、鈴木由美氏、株式会社デンソーの加藤晋也氏、川崎貴之氏、瀧上晋一氏、三井物産人材開発株式会社の亀山巌氏とメンバーの方々、キャリアバンク株式会社の田中希久代氏から、修正のためのアドバイスをいただきました。なお、前記の方々からは、各種調査を実施する上でもご協力いただきました。

追加のインタビュー調査を実施する際には、東京海上日動火災保険株式会社の菊地謙太郎氏、ブラザー工業株式会社の佐々木一郎氏、佐々木泰幸氏、株式会社ＴＭＪの山田敬三氏、株式会社コミットメンツの羽方康氏から、育て上手のマネジャーさんをご紹介いただきました。

ヤフー株式会社の本間浩輔氏、株式会社steekstokの酒井穣氏、株式会社博報堂の白井剛司氏からは専門家の立場から貴重なコメントをいただき、本書に掲載することができました。

編集においては、株式会社ダイヤモンド社・人材開発編集部の小川敦行氏、永田正樹氏、元ダイヤモンド社で現在はフリーの編集者・ライターである間杉俊彦氏から、あたたかい励ましと多大なご支援をいただきました。

拙著『「経験学習」入門』と同様に、各章のトビラのイラストは、妻・希代子が描いてくれました。

ブックデザイナーの竹内雄二氏には、『「経験学習」入門』『「経験学習」ケーススタディ』に引き続き、素晴らしい装丁をデザインしていただきました。

最後に、これまで実施した各種調査にご協力いただいた人事部の方々、ご回答いただいたマネジャーおよび中堅社員の方々に感謝いたします。

2019年9月

松尾　睦

付録A　強みのリスト

「強み」を引き出す指導法を実践するにあたり、「部下の強みがどこにあるかわからない」というマネジャーもいるはずです。

以下では、第3章で簡単に紹介した3種類の「強みのリスト」について、もう少し詳しく説明します。

①業務遂行力に関するスキル類型

最もシンプルな類型は、ロバート・カッツによる3類型です。[96] 図表A－1は、カッツを拡張したトロイ・マンフォード他の研究をもとに作成したものです。[97]

ヒューマン・スキル（対人スキル）とは、部下、同僚、上司と協力しながら仕事をする能力であり、テクニカル・スキル（ビジネス・スキル）とは、専門領域における方法、手続き、プロセス、技能です。

コンセプチュアル・スキルは、認知的スキルと戦略スキルに分けられています。認知的スキルとは、話す、聴く、書く、読むといった基本能力や、批判的思考力や情報処理に関する能力であり、戦略スキルは、組織全体の動きを見極めたり、自組織と外部環境の関係を把握する能力です。

業績に直結する「業務遂行力」の観点から強みを知りたい場合には、この類型を参考にするとよいでしょう。図表A－1のチェック欄を使って、気になる部下の強みがどこにあるかチェックしてください

図表A-1：カッツとマンフォードのスキル類型

スキル類型		スキルの内容	チェック欄
カッツ（Katz, 1955）	マンフォード他（Mumford et al., 2007）		
ヒューマン・スキル	対人スキル	部下・同僚・上司と協力しながら仕事をする能力（動機づけ、コミュニケーション、支援、育成、共感、調整、交渉、説得）	
テクニカル・スキル	ビジネス・スキル	専門領域における方法・手続き・プロセス・技能（オペレーション・物的・人的・財務的資源のモニタリング・統制・管理）	
コンセプチュアル・スキル	認知的スキル	話す、聴く、書く、読むといった基本能力、批判的思考力、情報処理に関する能力	
	戦略スキル	組織全体の動きを見極める能力、組織と外部環境の関係を把握する能力（環境の探査、情報収集・分析、プランニング、問題解決、戦略的意思決定）	

出所：松尾睦『成長する管理職』東洋経済新報社から引用

（○＝高い、△＝中程度、×＝低い）。

②ストレングス・ファインダーにおける34の資質

ギャラップ社では40年以上にもわたり、人材の強みについて調査し、人々に共通する資質を34に分類しています。この調査に基づくアセスメントシステムは「ストレングス・ファインダー」と呼ばれています[98]。

図表Ａ－２に示したように、「戦略的思考力」「関係構築力」「影響力」「実行力」の４つの領域により、34の資質が分類されています[99]。

これらの資質を見ると、業務遂行力と人間力の中間領域に位置する能力がリスト化されていることがわかります。

なお、ギャラップ社の提供するセルフ・アセスメントに答えると、各自のトップ５の資質に関するフィードバックレポートを受け取ることができるようになっています。

図表A-2：ストレングス・ファインダーにおける資質

領域	資質	内容	チェック欄
戦略的思考力	着想	解決できずにいる問題に、新しい見方を提供できる	
	未来志向	未来のビジョンを語ることで他者を鼓舞できる	
	分析思考	ものごとの理由や原因を考える力がある	
	収集心(インプット)	あらゆる種類の情報を集め、保管することを好む	
	戦略性	目標に合った道筋を選択できる	
	原点思考	現在を理解するために過去や原型について考える	
	内省	1人で考えることや知的な討論を好む	
	学習欲	成果よりも学ぶプロセスを楽しむ	
関係構築力	ポジティブ	楽天的、情熱的であり、他人にやる気を起こさせる	
	成長促進	他人の持つ潜在的な可能性を見抜き、伸ばす	
	調和性	人々を対立から遠ざけて、調和に向かわせる	
	共感性	他者の感情を察し、理解することができる	
	親密性	他者と親密であることに心地よさを感じる	
	個別化	1人ひとりが持つユニークな個性に興味をひかれる	
	包含(受容)	他者をグループの中に受け入れようとする	
	運命思考	世の中に偶然はなく、出来事には理由があると信じている	
	適応性	計画通りにいかなくとも、柔軟に状況に適応できる	
影響力	最上志向	個人や集団の強みを伸ばし、最高レベルを目指す	
	社交性	知らない人と出会い、関係を築こうとする	
	競争性	他者と比較し、競争に勝つことに喜びを見出す	
	指令性	自分の考えを他者に強く主張し、主導権を握ることができる	
	コミュニケーション	伝えたい情報を、上手に言葉で説明することができる	
	自我(意義)	他者から意義のある人間として評価されたいと願っている	
	活発性	行動することを好み、行動によって成果をもたらす	
	自己確信	自分の強みを確信し、挑戦し、成果を出すことができる	
実行力	責任感	一度やると言ったことはやり遂げようとする	
	慎重さ	用心深く、決定や選択の際には細心の注意を払う	
	公平性	地位に関係なく人を平等に扱おうとする	
	アレンジ	たくさんの要素を含む状況をうまく管理することができる	
	回復(解決)志向	どこに問題があるかを探り当て、解決することができる	
	目標志向	明確な目標を立て、それに基づいて行動することを好む	
	達成欲	常に何かを成し遂げたいと考え、精力的に働くことを好む	
	信念	ゆるぎない価値観を持ち、行動している	
	規律性	毎日の日課を決め、秩序立てて進捗を管理している	

出所：ラス（2017）、大守（2009）、三牧他（2014）、https://www.gallupstrengthscenter.com/home/enus/cliftonstrengths-themes-domainsをもとに作成

簡易的な使い方としては、図表A－2のリストを使い、部下の持つトップ5の資質を見極め、部下の強みを探るという方法があります。

図表のチェック欄を用いて、気になる部下の資質をチェックしてみましょう。

③ポジティブ心理学に基づく強みリスト

最後のリストは、ポジティブ心理学を提唱するセリグマンとピーターソンが開発した強みに関する分類です。[100]

このリストは、図表A－3に示すように、人間の特性に焦点を当て、6つの領域に属する24の特性から成っています。[101]

「**知恵と知識**」は、独創性、好奇心、向学心など「学習」に関することや、クリティカル思考や大局観など、「ものの見方」に関する力を含んでいます。

「**勇気**」は、勤勉さや誠実さに加えて、抵抗にあっても立ち向かえる勇敢さや熱意から構成されている領域です。

「**人間性**」は、愛情、親切、社会的知能のように対人的なスキルに関係しています。

「**正義**」は、集団の一員としての責任を重視する市民性、平等に振る舞う公平性、仲間意識を醸成するリーダーシップを含んでいます。

「**節度**」は、ものごとに固執しない寛大さ、自慢しない謙虚さ、石橋をたたいて渡る慎重さ、感情コントロール等の自己制御に関わる領域です。

図表A-3：セリグマンとピーターソンの強みリスト

領域	特性	内容	チェック欄
知恵と知識	独創性	新しい独創的なアイデアを持っている	
	好奇心	世の中に対して、好奇心を持っている	
	クリティカル思考	必要に応じて、合理的に考えることができる	
	向学心	新しいことを学ぶときにわくわくする	
	大局観	ものごとをよく見て、幅広く情勢を理解している	
勇気	勇敢	強い抵抗にあう立場をとることができる	
	勤勉	自分が始めたことはきちんと終わらせる	
	誠実性	いつも約束を守る	
	熱意	傍観者としてではなく人生に全身で参加している	
人間性	愛情	他の人からの愛を受け入れることができる	
	親切	他者を自発的に助けることができる	
	社会的知能	どのような状況であっても、合わせることができる	
正義	市民性	グループの一員として全力を出して働く	
	公平性	誰にでも平等に対応する	
	リーダーシップ	グループでは仲間と感じられるように気を配っている	
節度	寛大	過去のことは過去のことと考えている	
	謙虚	自分の実績を自慢しない	
	慎重さ	「石橋をたたいて渡る」という言葉が好きである	
	自己制御	自分の感情をコントロールできる	
超越性	審美心	誰かのすばらしさに触れると感動する	
	感謝	世話になっている人にお礼を言っている	
	希望	ものごとの良い面を見ている	
	ユーモア	笑わせることで誰かを明るくしている	
	精神性	人生においてはっきりとした目標がある	

出所：島井・宇津木（2008）を修正

「超越性」は、感動する力である審美心、他者に感謝する心、ものごとのポジティブな側面に着目する希望に加えて、ユーモアや精神性を含んでいます。

このリストは、業務遂行能力というよりも、その基盤となる「人間力」や「パーソナリティ」を理解する上で役立ちます。図表A－3のチェック欄に、気になる部下の強みをチェックしてください。

付録B　自己診断チェックリスト

本書の内容を確認し、より深く理解するための、自己診断用のチェックリストを用意しました。以下のシートで自己点検することで、ご自身の経験学習力や育て上手度を把握することができます。良い点は継続・強化し、問題点は改善することで指導力をアップしてください。

①経験学習チェックリスト

人は「経験し→振り返り→教訓を引き出し→応用する」というプロセスで学びます。このサイクルを回す際には、「振り返りのカベ」「教訓のカベ」「応用のカベ」を乗り越えなければなりません。

また、成長をうながす経験には、他部門や外部組織と協働する「連携の経験」、部門内や組織内の変革プロジェクトに参加する「変革の経験」、部下や後輩の成長を支援する「育成の経験」があります。

さらに、経験から学ぶためには、ストレッチ（挑戦する力）、リフレクション（振り返る力）、エンジョイメント（やりがいを感じる力）、思い（自己成長に関する目標・信念・価値）、つながり（成長をうながしてくれる他者との関係性）が必要です。

これらの要因について自己診断すると、みなさんの経験学習の実態がわかります。図表B－1の各項目について、該当欄に☑を入れてみましょう。

図表B-1：経験学習に関するチェックリスト

経験学習 サイクルの 「3つのカベ」	振り返りのカベ		**乗り越えている** ☑
	教訓のカベ		
	応用のカベ		
成長をうながす 経験	連携の経験		**経験した** ☑
	変革の経験		
	育成の経験		
経験から 学ぶ力	ストレッチ（挑戦する力）		**持っている** ☑
	リフレクション（振り返る力）		
	エンジョイメント（やりがいを感じる力）		
	思い（自己成長の目標・信念）		
	つながり（他者との関係）		

図表B-2：育て上手度のチェックリスト

育て上手の指導法		**セルフチェック** ☑
業務開始前	部下の潜在的な強みを探っている	
	期待して、成長ゴールで仕事を意味づけている	
	先を見せて、やり方を教えている	
業務遂行中 & 節目	成功を事実で振り返らせ、強みを確認している	
	なぜ成功したかを振り返らせ、強みを引き出している	
	同じ目線で振り返り、失敗を成功につなげている	
職場運営	中堅社員を中心として職場を運営している	
	メンバーの意見やアイデアを引き出している	
	ビジョンや理念をつくり、共有している	

②育て上手度のチェックリスト

第3～5章にかけて、育て上手のマネジャーがどのように部下を指導しているかを検討しました。その基本的な考え方は「部下の強みを引き出す指導」です。

図表B－2は、部下の強みを引き出すために、マネジャーが実践している指導方法のチェックリストです。

業務開始前、業務遂行中および業務の節目、普段の職場運営のそれぞれにおいて、みなさんの指導のあり方を振り返り、だいたいできている場合には✓してください。✓がついていない欄については、指導方法を再考しましょう。

なお、このチェックリストは、前著『「経験学習」入門』に掲載されている「育て上手の指導法（12項目）」と本質的に対応しています。ただし、前著の指導法は若手社員を1対1で育成することにフォーカスしているのに対し、本書は、職場全体を見すえた部下育成であるという点で、前著におけるリストのアップデート版であるといえます。

具体的には、『「経験学習」入門』のリストにある「成長を期待していることを伝えている」「成長のイメージを持たせている」という指導は、本書において「部下の潜在的な強みを探っている」「期待して、成長ゴールで仕事を意味づけている」「先を見せて、やり方を教えている」というように、より具体的な内容になっています。

また、『「経験学習」入門』のリストにおいても、成功や失敗の両方を振り返らせる指導が載っていますが、本書では、「成功を事実で振り返らせ、強みを確認している」「なぜ成功したかを振り返らせ、強みを引き出している」「同じ目線で振り返り、失敗を成功につなげている」という形で、振り返りの方法がより特定化されています。

さらに、『「経験学習」入門』のリストにはなかった職場運営に関する指導が追加されているのが、本書の特徴です。

③仕事の創り方チェックリスト

部下を成長させるためには「連携」「変革」「育成」に関する業務を任せる必要があります。しかし、そうした業務が都合よく職場にあるとはかぎりません。

育て上手のマネジャーは、「つなぐ」（他部門や外部組織との協働）、「わたす」（上位者や自身の業務を移行）、「つくる」（新たなチームや業務の設置）によって、仕事を生み出し部下に任せていました。

図表B－3は、部下の成長をうながす仕事の創り方に関するチェックリストです。すべてにチェックがつく必要はありませんが、みなさんの仕事の創り方のスタイルを確認してみてください。

④リフレクション支援のチェックリスト

経験から学ぶためのカギはリフレクション（振り返り）にあります。育て上手のマネジャーは、「事実の確認」→「共感」→「評価」という順番で、部下のリフレクションを支援していました。

図表B－4を使って、みなさんのリフレクション支援のあり方を自己診断してみましょう。

図表B-3：仕事の創り方チェックリスト

仕事の創り方		セルフチェック ✓
つなぐ（他部門や外部組織との協働）	・他部門に対し、新たなプロジェクトを提案している ・本部から提供された機会を活用している ・顧客・取引先等と連携している	
わたす（役割の移行）	・上位者が実施する業務を与えている ・自身の管理的業務を与えている	
つくる（新たな役割づくり）	・部内で新しいチームや業務を設置している ・上司と協議し、新しい業務を設置している	

図表B-4：リフレクション支援のチェックリスト

リフレクションの支援		セルフチェック ✓
事実の確認	時系列で具体的場面を語らせている	
	どのように考え、行動したかを聞いている	
	本人の言葉で語るまで待っている	

↓

共感	リラックスできる環境で感情を表出させている	
	うなずき、反復し、否定せずに聞いている	
	つらさ、戸惑い、不安を共感している	

↓

評価	失敗しても取り組み姿勢を評価している	
	良い点を伝えてから問題点を伝えている	
	期待しながら、改善を促している	

付録C　育成ワークシート

部下育成のためのワークシートを用意しました（図表C－1）。次の手順でシートを完成させることで、部下を理解し、育成計画を立てることができます。

①成功経験の振り返り：育成したい部下を思い浮かべ、その方の成功経験と、その経験を通して獲得した知識・スキルを記入してください。

②強み・弱みの把握：その部下の「見える強み」「潜在的な強み（可能性のある弱み）」「伸ばしたい強み」「強みの伸ばし方」を記入してください。

③仕事の任せ方：その部下に任せたい（任せている）仕事、成長ゴール（伸ばすべきスキル目標）、成功のポイントを記入してください。

④職場の運営体制：あなたの職場のビジョン・理念、および職場の中心となる中堅社員の強みと役割を記入してください。

イメージを持ってもらうために、記入例も載せておきました（図表C－2）。

これは、実際に、某メーカー・人事部のマネジャーが係長クラスの中堅社員を対象にして記入したワ

図表C-1：育成ワークシート

①成功経験の振り返り

これまでの成功経験 （出来事）	獲得した知識・スキル （成長した点）

②強み・弱みの把握

見える強み	潜在的な強み （可能性のある弱み）	伸ばしたい強み	強みの伸ばし方
			□ 拡張型 □ 深掘型 □ 是正型

③仕事の任せ方

任せたい （任せている）仕事	成長ゴール （伸ばすべきスキル目標）	成功のポイント

④職場の運営体制

職場のビジョン・理念		
職場の中心となる中堅社員	強み：	役割：

図表C-2：育成ワークシートの記入例

①成功経験の振り返り

これまでの成功経験（出来事）	獲得した知識・スキル（成長した点）
他部署と協働した組織活性化プロジェクトに参画。主担当の１人としてゼロベースにて原因究明から企画立案までを担当し、成果を上げた。	分析思考 適応性 回復（解決）志向

②強み・弱みの把握

見える強み	潜在的な強み（可能性のある弱み）	伸ばしたい強み	強みの伸ばし方
調和性 社交性 学習欲	戦略性	成長促進 専門性領域	☑ 拡張型 ☐ 深掘型 ☐ 是正型

③仕事の任せ方

任せたい（任せている）仕事	成長ゴール（伸ばすべきスキル目標）	成功のポイント
課内年度重点プロジェクトの推進リーダー	メンバーを育成する力を高める	メンバーを介して業務を遂行すること（すべて自分でやらないこと）

④職場の運営体制

職場のビジョン・理念	メンバー全員が専門性を高め、関連部署から「頼られる職場」に	
職場の中心となる中堅社員	強み：学習欲	役割：プロジェクトリーダー

ークシートです（ストレングス・ファインダーの強みモデルをもとに分析されています）。

①成功経験の振り返り：この部下は、過去に組織活性化プロジェクトに参加し、担当者の1人として原因究明から企画立案までを担当した経験があります。その結果として「分析志向、適応性、回復（解決）志向」が高まりました。

②強み・弱みの把握：見える強みは「調和性、社交性、学習欲」であり、潜在的な強みは「戦略性」です。伸ばしたい強みとしては、他者を育成する「成長促進」や「専門性領域」のビジネス・スキルです。このマネジャーは、すでに持っている強みに、「人材育成力」や「専門性」という新たな軸を加えようとする「拡張型」のアプローチをとろうとしています。

③仕事の任せ方：任せたい仕事は「重点プロジェクトの推進リーダー」であり、その際の成長ゴール（伸ばすべきスキル目標）は「メンバーを育成する力」です。そして、仕事を成功させるポイントは、すべてを自分でやらずに「メンバーを介して業務を遂行すること」にあります。

④職場の運営体制：職場のビジョン・理念は、「メンバー全員が専門性を高め、関連部署から『頼られる職場』に」であり、これを実現させるために連携する中堅社員は、このシートの育成対象である部下です。マネジャーは、彼の持つ「学習欲」を生かしてプロジェクトリーダーの役割を果たしてもらいたいと考えています。

◉参考文献

1 Lombardo, M. M., and Eichinger, R. W. (2010) *The Career Architect: Development Planner* (5th ed.). Minneapolis, MN: Lominger International.

2 ルース・ベネディクト（長谷川松治訳）（２００５）『菊と刀：日本文化の型』講談社学術文庫

3 Clifton, D. O., and Harter, J. K. (2003) Investing in Strengths. In A. K. S. Cameron, B. J. E. Dutton, and C. R. E. Quinn (Eds.), *Positive Organizational Scholarship: Foundations of a New Discipline* (pp. 111-121). San Francisco: Berrett-Koehler Publishers, Inc.

4 トム・ラス（古屋博子訳）（２０１７）『さあ、才能に目覚めよう：新版ストレングス・ファインダー２・０』日本経済新聞出版社

5 Yukl, G. (2006) *Leadership in Organizations*, sixth edition. New Jersey, Pearson Education.

6 D'Innocenzo, L., Mathieu, J. E., and Kukenberger, M. R. (2016) A meta-analysis of different forms of shared leadership-team performance relations. *Journal of Management*, 42, 7, pp. 1964-1991. Wang, D., Waldman, D. A., and Zhang, Z. (2014) A meta-analysis of shared leadership and team effectiveness. *Journal of Applied Psychology*, 99, 2, pp. 181-198.

7 Uhl-Bien, M., Riggio, R. E., Lowe, K.B., and Carsten, M. K. (2014) Followership theory: A review and research agenda. *Leadership Quarterly*, 25, pp. 83-104.

8 Seligman, M. E. P. and Csikszentmihalyi, M. (2000) Positive Psychology: An Introduction. *American Psychology*, 55(1): pp. 5-14.

9 Seligman, M. E. P. and Csikszentmihalyi, M. (2000) Positive Psychology: An Introduction. *American Psychology*, 55(1): pp. 5-14.

10 Peterson, C., and Seligman, M. E. P. (2004) *Character strengths and virtues: A handbook and classification*. Washington, DC: American Psychological Association. Seligman, M. E. P., Steen, T. A., Park, N., and Peterson, C. (2005) Positive Psychology Progress: Empirical Validation of Interventions. *American Psychologist*, 60(5): pp. 410-421.

11 Aguinis, H., Gotfredson, R. K., and Joo, H. (2012) Delivering effective performance feedback: The strengths-based approach. *Business Horizons*, 55, pp. 105-111. Bouskila-Yam, O. and Kluger, A. N. (2011) Strength-based performance appraisal and goal setting. *Human Resource Management Review*, 21, pp. 137-147. Arakawa, D. and Greenberg, M. (2007) Optimistic managers and their influence on productivity and employee engagement in a technology organisation: Implications for coaching psychologists. *International Coaching Psychology Review*, 2, 1, pp. 77-89. Clifton, D. O., and Harter, J. K. (2003) Investing in Strengths. In A. K. S. Cameron, B. J. E. Dutton, and C. R. E. Quinn (Eds.), Positive Organizational Scholarship: Foundations of a New Discipline (pp. 111-121). San Francisco: Berrett-Koehler Publishers, Inc. Padesky, C. A. and Mooney, K. A. (2012) Strengths-based cognitive-behavioural therapy: A four-step model to build resilience. *Clinical Psychology and Psychotherapy*, 19, pp. 283-290. Welch, D., Grossaint, K, Reid, K., and Walker, C. (2014) Strengths-based leadership development: Insights from expert coaches. *Consulting Psychology Journal*, 66, 1, pp. 20-37.

12 Aguinis, H., Gotfredson, R. K., and Joo, H. (2012) Delivering effective performance feedback: The strengths-based approach. *Business Horizons*, 55, pp. 105-111. Arakawa, D. and Greenberg, M. (2007) Optimistic managers and their influence on productivity and employee engagement in a technology organisation: Implications for coaching psychologists. *International Coaching Psychology Review*, 2, 1, pp. 77-89. Clifton, D. O., and Harter, J. K. (2003) Investing in Strengths. In A. K. S. Cameron, B. J. E. Dutton, and C. R. E. Quinn (Eds.), *Positive Organizational Scholarship: Foundations of a New Discipline* (pp. 111-121). San Francisco: Berrett-Koehler Publishers, Inc. Linley, P. A., Nielsen, K. M., Gillett, R. and Biswas-Diener, R. (2010) Using signature strengths

in pursuit of goals: Effects on goal progress, need satisfaction, and well-being, and implications for coaching psychologists. *International Coaching Psychology Review*, 5, 1, pp. 6-15. Padesky, C. A. and Mooney, K. A. (2012) Strengths-based cognitive-behavioural therapy: A four-step model to build resilience. *Clinical Psychology and Psychotherapy*, 19, pp. 283-290. Tse, S., Tsoi, E. W. S., Hamilton, B., O'Hagan, M., Shepherd, G., Slade, M., Whitley, R. and Petrakis, M. (2016) Uses of strength-based interventions for people with serious mental illness: A critical review. *International Journal of Social Psychiatry*, 62, 3, pp. 281-291.

13 Clifton, D. O., and Harter, J. K. (2003) Investing in Strengths. In A. K. S. Cameron, B. J. E. Dutton, and C. R. E. Quinn (Eds.), *Positive Organizational Scholarship: Foundations of a New Discipline* (pp. 111-121). San Francisco: Berrett-Koehler Publishers, Inc.

14 Aguinis, H., Gotfredson, R. K., and Joo, H. (2012) Delivering effective performance feedback: The strengths-based approach. *Business Horizons*, 55, pp. 105-111. He, Y. (2009) Strength-based mentoring in pre-service teacher education: A literature review. *Mentoring & Tutoring: Partnership in Learning*, 17, 3, pp. 263-275.

15 Aguinis, H., Gotfredson, R. K., and Joo, H. (2012) Delivering effective performance feedback: The strengths-based approach. *Business Horizons*, 55, pp. 105-111.

16 Aguinis, H., Gotfredson, R. K., and Joo, H. (2012) Delivering effective performance feedback: The strengths-based approach. *Business Horizons*, 55, pp. 105-111. Arakawa, D. and Greenberg, M. (2007) Optimistic managers and their influence on productivity and employee engagement in a technology organisation: Implications for coaching psychologists. *International Coaching Psychology Review*, 2, 1, pp. 77-89. Clifton, D. O., and Harter, J. K. (2003) Investing in Strengths. In A. K. S. Cameron, B. J. E. Dutton, and C. R. E. Quinn (Eds.), *Positive Organizational Scholarship: Foundations of a New Discipline* (pp. 111-121). San Francisco: Berrett-Koehler Publishers, Inc. Linley, P. A., Nielsen, K. M., Gillett, R. and Biswas-Diener, R. (2010) Using signature strengths in pursuit of goals: Effects on goal progress, need satisfaction, and well-being, and implications for coaching

psychologists. *International Coaching Psychology Review*, 5, 1, pp. 6-15. Padesky, C. A. and Mooney, K. A. (2012) Strengths-based cognitive-behavioural therapy: A four-step model to build resilience. *Clinical Psychology and Psychotherapy*, 19, pp. 283-290.

17 Drucker, P. F. (1973) *Management: Tasks, Responsibilities, Practices*. New York: Harper (p. 441).（有賀裕子訳『マネジメント：務め、責任、実践Ⅲ』日経ＢＰ（p. 158）

18 Knoontz, H. (1980) The management theory jungle revisited. *Academy of Management Review*, 5, 2, pp. 175-187.

19 https://djchuang.com/on/drucker/

20 西田幾多郎（１９５０）『善の研究』岩波文庫

21 西田幾多郎（１９５０）『善の研究』岩波文庫、pp. 208-209.

22 西田幾多郎（１９５０）『善の研究』岩波文庫、pp. 216, 219-220.

23 本田宗一郎（１９９６）『俺の考え』新潮文庫、p. 195.

24 Harter S. (2005) Authenticity. In Snyder C. R. and Lopez S. J. (eds) *Handbook of Positive Psychology*, pp. 382–394. Oxford University Press, New York, NY. Wood A. M., P. A. Linley, J. Maltby, M. Baliousis and S. Joseph (2008) The authentic personality: A theoretical and empirical conceptualization and the development of the authenticity scale. *Journal of Counseling Psychology* 55, pp. 385-399.

25 Barnett M. D. and J. T. Deutsch (2016) Humanism, authenticity, and humor: Being, being real, and being funny. *Personality and Individual Differences* 91, pp. 107-112. Boyraz G., and M. Kuhl (2015) Self-focused attention, authenticity, and well-being. *Personality and Individual Differences* 87, pp. 70-75. Emmerich, A. I. and T. Rigotti (2017) Reciprocal relations between work-related authenticity and intrinsic motivation, work ability and depressivity: A two-wave study. *Frontiers in Psychology* 8, pp. 1-12. Metin, U. B., T. W. Taris, M. C. W. Peeters, I. Van Beek and R. Van den Bosch (2016) Authenticity at work: A job-demands resources perspective. *Journal of*

Managerial Psychology 31(2), pp. 483-499.

26 Strauss, A. and Corbin, J.(1990) *Basics of Qualitative Research*. Newbury Park: Sage.(南裕子監訳、操華子・森岡崇・志自岐康子・竹崎久美子訳『質的研究の基礎：グラウンデッド・セオリーの技法と手順』医学書院、１９９９年)

27 Dewey, J. (1938) *Experience and Education*. New York: Touchstone.（ジョン・デューイ［市村尚久訳］『経験と教育』講談社学術文庫)

28 Kolb, D. A. (1984) *Experiential Learning: Experience as The Source of Learning and Development*. New Jersey: Prentice Hall.

29 デービッド・A・ガービン（沢崎冬日訳）（２００２）『アクション・ラーニング』ダイヤモンド社。*Guide to the After Action Review*. Version 1.1. October 2010. A simple, but powerful method for rapid post-project assessment.

30 金井壽宏（２００２）『仕事で「一皮むける」』光文社

31 Drucker (1973) 訳書、p.129.

32 このモデルの理論的背景は次の論文で解説しています。Matsuo, M. (2015) A framework for facilitating experiential learning. *Human Resource Development Review*, 14, 4, pp. 442–461.

33 このエピソードは、ジェイフィールの代表取締役・重光直之氏からお伺いしたものです。

34 Lawler, E. E. and Suttle, J. L. (1973) Expectancy theory and job behavior. Organizational Behavior and Human Performance, 9, pp. 482-503. Steers, R. M., Mowday, R. T., and Shapiro, D. L. (2004) Introduction to special topic forum: The future of work motivation theory. *Academy of Management Review*, 29, 3, pp. 379-387.　林伸二（２０００）『組織心理学』白桃書房

35 MacKie, D. (2014) The effectiveness of strength-based executive coaching in enhancing full range leadership development: A controlled study. *Consulting Psychology Journal: Practice and Research*, 66, 2, pp. 118-137.

36 Rath, T. (2007) *StrengthsFinder 2.0*. New York: Gallup Press.

37 酒井穣（２０１４）『新版　はじめての課長の教科書』ディスカヴァー・トゥエンティワン、p. 101.

38 リクルートホールディングス・ホームページ（https://recruit-holdings.co.jp/sustainability/people-workplace/human-resources/）2019.7.13ダウンロード

39 Katz, R. L. (1955) Skills of an Effective Administrator. *Harvard Business Review*, January-February, pp. 33-42.

40 McCall, M. W. (1998) *High Flyers*. Boston, Harvard Business School Press.（モーガン・マッコール（金井壽宏監訳・リクルートワークス研究所訳）『ハイ・フライヤー：次世代リーダーの育成法』プレジデント社）

41 Rosenthal, R. and Jacobson, L. (1968) Pygmalion in the classroom. *The Urban Review*, 3(1), pp. 16-20.

42 Kierein, N. M. and Gold, M. A. (2000) Pygmalion in work organization: A meta-analysis. *Journal of Organizational Behavior*, 21, pp. 913-928.

43 Duan, J., Li, C., Xu, Y., and Wu, C. (2017) Transformational leadership and employee voice behavior: A Pygmalion mechanism. *Journal of Organizational Behavior*, 38, pp. 650-670. Whiteley, P., Sy, T., and Johnson, S. K. (2012) Leaders' conceptions of followers: Implications for naturally occurring Pygmalion effects. *Leadership Quarterly*, 23, pp. 822-834.

44 丹羽滋郎・高柳富士丸（２００６）「低負荷・無負荷での筋力トレーニング：「意識」がもたらす効果について」*Suportmedicine*, 84, p. 6.

45 Wulf, G. (2013) Attentional focus and motor learning: A review of 15 years. *International Review of Sport and Exercise Psychology*, 6, 1, pp. 77-104.

46 山寺仁・伊東昌子・松尾睦・河崎宜史・初田賢司（2008, March）．１１０３高業績プロジェクトマネジャーはプロジェクトの初期と中期にどのような行動をとるのか？（一般セッション）．Inプロジェクトマネジメント学会研究発表大会予稿集２００８年度春季（pp. 80-84）、プロジェクトマネジメン

ト学会
47 Kluger, A. N. and Nir, D. (2010) The feedforward interview. *Human Resource Management Review*, 20, pp. 235-246.
48 市川伸一（２００４）『学ぶ意欲とスキルを育てる：いま求められる学力向上策』小学館
49 Von Bergen, C. W., Bressler, M. S., and Campbell, K. (2014) The sandwich feedback method: Not very tasty. *Journal of Behavioral Studies in Business*, 7, pp. 1-13.
50 Roberts, L. M., Spreitzer, G., Dutton, J., Quinn, R., Heaphy, E., and Barker, B. (2005) How to play to your strengths. *Harvard Business Review*, January, pp. 1-7
51 平井伯昌（２００８）『見抜く力：夢を叶えるコーチング』幻冬舎新書、pp. 83-84.
52 ピーター・ドラッカー（上田惇生訳）（２００７）『非営利組織の経営』ダイヤモンド社、p. 76.
53 若松義人（２０１６）『最強の現場をつくり上げる！トヨタ式「改善」の進め方』ＰＨＰビジネス新書、p. 220
54 石井宏典（２００７）「参与観察とインタビュー」『質的心理学の方法：語りをきく』（やまだようこ編）新曜社
55 木本正次（２０１３）『出光佐三語録』ＰＨＰ文庫、pp. 11-14.
56 Gallimore, R. and Tharp, R. (2004) What a coach can teach a teacher, 1975-2004: Reflections and reanalysis of John Wooden's teaching practices. *The Sport Psychologist*, 18, pp. 119-137.
57 Dewey, J. (1938) *Experience and Education*. New York: Touchstone.（ジョン・デューイ［市村尚久訳］『経験と教育』講談社学術文庫）
58 この事例は、「日本経済新聞２０１９年６月30日、p. 23.（中野稔「一途な青春　はるかなり」）」をもとにしています。
59 日経ビジネス２００７年１月15日号「ＹＫＫ　知られざる『善の経営』」

60 日経ビジネス２００７年1月15日号「ＹＫＫ　知られざる『善の経営』」

61 Gordon, S. (2012) Strength-based approaches to developing mental toughness: Team and individual. *International Coaching Psychology Review*, 7, 2, pp. 210-222. Linley, P. A., Woolston, L., and Biswas-Diner, R. (2009) Strengths coaching with leaders. *International Coaching Psychology Review*, 4, 1, pp. 37- 46.

62 酒井穣氏からのメールによるメッセージ（２０１９年7月1日）

63 Edmondson, A. C. (2003) Speaking up in the operating room: How team leaders promote learning in interdisciplinary action teams. *Journal of Management Studies*, 40, 6, pp. 1419-1452.

64 Edmondson, A. (1999) Psychological Safety and Learning Behavior in Work Teams. *Administrative Science Quarterly*, 44, pp. 350-383.

65 Baer, M. and Frese, M. (2003) Innovation is not enough: Climates for initiative and psychological safety, process innovations, and firm performance. *Journal of Organizational Behavior*, 24, pp. 45-68. Bradley, B. H., Postlethwaite, B. E., Klotz, A. C., Hamdani, M. R., and Brown, K. G. (2012) Reaping the benefits of task conflict in teams: The critical role of team psychological safety climate. *Journal of Applied Psychology*, 97, 1, pp. 151-158.

66 Duhigg, C. (2016) What Google learned from its quest to build the perfect team. *New York Times*, Feb 25, 2016.

67 Carmeli, A. Reiter-Palmon, R. and Ziv, E. (2010) Inclusive leadership and employee involvement in creative tasks in the workplace: The mediating role of psychological safety. *Creativity Research Journal*, 22, 3, pp. 250-260. Walumbwa, F. O. and Schaubroeck, J. (2009) Leader personality traits and employee voice behavior: Mediating roles of ethical leadership and work group psychological safety. *Journal of Applied Psychology*, 94, 5, pp. 1275-1286.

68 Yukl, G. (2006) *Leadership in Organizations, sixth edition*. New Jersey, Pearson Education.

69 Pearce, C. L. and Conger, J. A. (2003) *Shared Leadership: Reframing the Hows and Whys of Leadership*. California, SAGE.

70 D'Innocenzo, L., Mathieu, J. E., and Kukenberger, M. R. (2016) A meta-analysis of different forms of shared leadership-team performance relations. *Journal of Management*, 42, 7, pp. 1964-1991. Wang, D., Waldman, D. A., and Zhang, Z. (2014) A meta-analysis of shared leadership and team effectiveness. *Journal of Applied Psychology*, 99, 2, pp. 181-198.

71 中原淳（２０１４）『駆け出しマネジャーの成長論：７つの挑戦課題を「科学」する』中公新書ラクレ、pp. 134-136.

72 Stam, D., Lord, R. G., van Knippenberg D., and Wisse, B. (2014) An image of who we might become: Vision communication, possible selves, and vision pursuit. *Organization Science*, 25, 4, pp. 1172-1194. Berson, Y., Waldman, D. A., and Pearce, C. L. (2016) Enhancing our understanding of vision in organizations: Toward an integration of leader and follower processes. *Organizational Psychology Review*, 6, 2, pp. 171-191.

73 Bart, C. K. and Baetz, M. C. (1998) The relationship between mission statements and firm performance: An exploratory study. *Journal of Management Studies*, 35, 6, pp. 823-853. Palmer, T. B. and Scort, J. C. (2008) Mission statements in U.S. colleges of business: An empirical examination of their content with linkages to configurations and performance. *Academy of Management Learning and Education*, 7, 4, pp. 454-470.

74 Matsuo, M. (2016) Reflective leadership and team learning: An exploratory study. *Journal of Workplace Learning*, 28, 5, pp. 307-321.

75 McCall, M. W., Lombardo, M. M., and Morrison, A. M. (1988) *The lessons of experience: How successful executives develop on the job*. New York, NY: Free Press. McCauley, C. D., Moxley, R. S., and Velsor, E. V. (1998) *The center for creative leadership: Handbook of leadership development*. New York: Jossey-Bass.

76 McCauley, C. D., Ruderman, M. N., Ohlott, P. J., and Morrow, J. E. (1994) Assessing the developmental

components of managerial jobs. *Journal of Applied Psychology*, 79, 4, pp. 544-560.

77 松尾睦（２０１７）「管理職によるジョブアサインメント：経験を創り・与え・支援する」北海道大学経済学研究院、Discussion Paper, Series B, No.156.

78 Lombardo, M. M. and Eichinger, R. W. (1989) Eighty-eight assignments for development in place. North Carolina, Center for Creative Leadership.

79 Tims, M., Bakker, A. B., and Derks, D. (2012) Development and validation of the job crafting scale. *Journal of Vocational Behavior*, 80, pp. 173–186.

80 Wrzesniewski, A. and Dutton, J. E. (2001) Crafting a job: Revisioning employees as active crafters of their work. *Academy of Management Review*, 26, 2, pp. 179-201.

81 Engestrom, Y., Engestrom, R., and Karkkainen, M. (1995) Polycontextuality and boundary crossing in expert cognition: Leaning and problem solving in complex work activities. *Learning and Instruction*, 5, pp. 319-336.

82 Gibbs, G. (1988) *Learning by Doing, A Guide to Teaching and Learning Methods*. Oxford: Oxford Brookes University.

83 グラハム・ギブスは、「記述」「感情」「評価」「分析」「結論」「アクションプラン」の6ステップから構成されるリフレクティブ・サイクルを提案しています。「評価」「分析」「結論」「アクションプラン」を1つにしているのは、これらのステップを明確に区分することが困難なためです。実践者の「理解しやすさ」「活用しやすさ」の観点からも、なるべくシンプルなモデルが望ましいと考えました。

84 Nickerson, R. S. (1998) Confirmation bias: A ubiquitous phenomenon in many guises. *Review of General Psychology*, 2, 2, pp. 175-220.

85 Boud, D., Keogh, R. and Walker, D. (1985) Promoting reflection in learning: a model. In D. Boud, R., Keogh and D. Walker (eds.) Reflection: Turning Experience into Learning. pp. 18-40. Lerner, J. S., Li, Y., Valdesolo, P. and Kassam, S. (2015) Emotion and Decision Making. *The Annual Review of Psychology*, 66, pp. 799-823.

86 田中淳子（２００６）『はじめての後輩指導』日本経団連出版、pp. 115-116.

87 松尾睦（２０１９）「部下育成のためのリフレクション支援：成功事例と失敗事例から学ぶ」看護管理２０１９年５月号

88 Flavell, J. H. (1978) Metacognitive Development. In J. M. Scandura and C. J. Brainerd (Eds.) *Structural Process Theories of Complex Human Behavior*. Ayphen and Rijin, The Netherlands: Sijtoff & Noordhoff. Nelson, T. O. and Narens, L. N. (1994) Why Investigate Metacognition? In J. Metcalfe, and A. P. Shimamura (Eds.) *Metacognition: Knowing about knowing*. Cambridge, MA: MIT Press.

89 平嶋宗（２００６）「メタ認知の活性化支援」人工知能学会誌21巻１号、pp. 58-64.

90 三田地真美（中野民夫監修）（２０１３）『ファシリテーター行動指南書：意味ある場づくりのために』ナカニシヤ出版

91 三田地真美（中野民夫監修）（２０１３）『ファシリテーター行動指南書：意味ある場づくりのために』ナカニシヤ出版

92 このエクササイズは、拙著（２０１５）『「経験学習」ケーススタディ』（ダイヤモンド社）の「ＷＤＢエウレカ：ルーチンワークからも学べる30分ワークショップ」を参考に開発されたものです。

93 Schippers, M. C., Homan, A. C., and van Knippenberg, D. (2013) To reflect or not to reflect: Prior team performance as a boundary condition of the effects of reflexivity on learning and final team performance. *Journal of Organizational Behavior*, 34, pp. 6-23.

94 Johanson, M. M. and Woods, R. H. (2008) Recognizing emotional element in service excellence. *Cornell Hospitality Quarterly*, 49(3), pp. 310-316.

95 松尾睦（２０１６）「対話を通した経験のリフレクション：株式会社日本能率協会マネジメントセンターの事例」北海道大学経済学研究科、Discussion Paper, Series B, No. 2016-146.

96 Katz, R. L. (1955) Skills of an Effective Administrator. *Harvard Business Review*, January-February, pp. 33-42.

97 Mumford, T. V., Campion, M. A., and Morgeson, F. P. (2007) The Leadership Skills Strataplex: Leadership Skill Requirements across Organizational Levels. *Leadership Quarterly* 18, pp. 154–166.

98 トム・ラス（古屋博子訳）（２０１７）『さあ、才能に目覚めよう新版：ストレングス・ファインダー２・０』日本経済新聞出版社

99 大林守（２００９）「ビジネスインテリジェンス講義におけるStrengthsFinder™ 93 実施結果」『専修商学論集』、90' pp. 79-85. 三牧純子・桑垣隆一・荻巣崇世・新海尚子（２０１４）「海外実地研修を通じたグローバルリーダー育成の試み：Well-beingプログラムの試行プログラムからの一考察」名古屋大学国際教育交流センター紀要１巻１号、pp. 57-66.

100 Peterson, C., and Seligman, M. E. P. (2004) *Character strengths and virtues: A handbook and classification*. Washington, DC: American Psychological Association.

101 島井哲志・宇津木成介（２００８）「ポジティブ心理学におけるリーダーシップ」『経営行動科学』第21巻第１号、pp. 1-10.

［著者］
松尾 睦（まつお・まこと）
青山学院大学経営学部教授
北海道大学名誉教授
1964年東京生まれ。88年小樽商科大学商学部卒業。92年北海道大学大学院文学研究科（行動科学専攻）修士課程修了。99年東京工業大学大学院社会理工学研究科（人間行動システム専攻）博士課程修了。博士（学術）。2004年英国ランカスター大学にてPh. D.（Management Learning）取得。塩野義製薬、東急総合研究所、岡山商科大学商学部助教授、小樽商科大学大学院商学研究科教授、神戸大学大学院経営学研究科教授、北海道大学大学院経済学研究院教授などを経て、2023年より現職。
主な著書に『経験からの学習』（同文舘出版）、『「経験学習」入門』（ダイヤモンド社、HRアワード書籍部門・最優秀賞）、『「経験学習」ケーススタディ』（ダイヤモンド社）、『成長する管理職』（東洋経済新報社）、*Unlearning at Work: Insights for Organizations*（Springer）など。論文では、日本社会心理学会・着想独創賞（1995年度）、European Journal of Marketing最優秀論文賞（2003年度）、Journal of Workplace Learning最優秀論文賞（2019年度）を受賞。

部下の強みを引き出す
経験学習リーダーシップ

2019年10月9日　第1刷発行
2025年7月8日　第5刷発行

著　者――松尾 睦
発行所――ダイヤモンド社
〒150-8409　東京都渋谷区神宮前6-12-17
https://www.diamond.co.jp/
電話／03･5778･7229（編集）　03･5778･7240（販売）

装丁･本文デザイン―竹内雄二
本文イラスト―松尾希代子（章扉）、田渕正敏（097、116、156ページ）
校正――――茂原幸弘
製作進行――ダイヤモンド・グラフィック社
印刷･製本 ―勇進印刷
編集担当――小川敦行

ISBN 978-4-478-10891-8